그림으로 즐기는
# 프랑스어
## 일상단어

## 그림으로 즐기는 프랑스어 일상단어

**지은이** Yuka Miyakata(글), Yumi Inaba(그림)
**펴낸이** 정규도
**펴낸곳** (주)다락원

**초판 1쇄 발행** 2017년 9월 29일
**초판 3쇄 발행** 2024년 5월 17일

**책임편집** 권경현, 장의연
**디자인** 조수영
**전산편집** 조수영

**다락원** 경기도 파주시 문발로 211
내용문의: (02)736-2031 내선 523
구입문의: (02)736-2031 내선 250~252 / 팩스 02-732-2037
출판등록 1977년 9월 16일 제406-2008-000007호

저자 및 출판사의 허락 없이 이 책의 일부 또는 전부를 무단 복제·전재·발췌할 수 없습니다. 구입 후 철회는 회사 내규에 부합하는 경우에 가능하므로 구입 문의처에 문의하시기 바랍니다. 분실·파손 등에 따른 소비자 피해에 대해서는 공정거래위원회에서 고시한 소비자 분쟁 해결 기준에 따라 보상 가능합니다. 잘못된 책은 바꿔 드립니다.

ISBN 978-89-277-0088-3 18740

E de Tanoshimu France go [Tango] Kaiteiban
©Yuka Miyakata / Yumi Inaba 2016
First published in Japan 2016 by Gakken Plus Co., Ltd., Tokyo
Korean translation rights arranged with Gakken Plus Co., Ltd.
through Imprima Korea Agency
이 책의 한국어판 저작권은 Imprima Korea Agency를 통한 Gakken Plus Co., Ltd.와의 독점 계약으로 다락원에 있습니다. 저작권법에 의해 한국 내에서 보호를 받는 저작물이므로 무단전재와 무단 복제를 금합니다.

http://www.darakwon.co.kr
다락원 홈페이지를 방문하시면 상세한 출판 정보와 함께 동영상강좌,
MP3자료 등 다양한 어학 정보를 얻으실 수 있습니다.

# 그림으로 즐기는
# 프랑스어
## 일상단어

글 · Yuka Miyakata
그림 · Yumi Inaba

DARAKWON

# 차례

- 8    프랑스어 기초 문법
- 14   이 책의 사용방법

## 키워드로 보는 파리 생활
### Mots-clés de la vie parisienne

- 16   **Chic**   멋있는, 세련된
- 18   **bien-être**   행복, 평안, 만족
- 20   **âme sœur**   인생의 동반자
- 22   **affinités**   유대감, 친밀함
- 24   **art de vivre**   삶의 지혜

## Part 1
### 파리의 풍경
### Faciliter son séjour à Paris

- 28   거리 풍경 1: 주요 명소  
  Paysage parisien 1
- 30   거리 풍경 2: 상점과 공공시설  
  Paysage parisien 2
- 32   거리 풍경 3: 사람들  
  Paysage parisien 3
- 34   거리 풍경 4: 거리  
  Paysage parisien 4
- 36   지하철 타기 1: 티켓·플랫폼  
  Prendre le métro 1
- 38   지하철 타기 2: 객실·승하차  
  Prendre le métro 2
- 40   버스·택시 타기  
  Prendre le bus / taxi
- 42   [일상회화] 인사/사례/사과

## Part 2
### 벼룩시장
### Les plaisirs du marché aux puces

- 46   벼룩시장 가기  
  Aller au marché aux puces
- 48   벼룩시장에서 물건 사기 1: 옷  
  Acheter au marché aux puces 1
- 50   벼룩시장에서 물건 사기 2: 잡화  
  Acheter au marché aux puces 2
- 52   벼룩시장에서 물건 사기 3: 문구  
  Acheter au marché aux puces 3
- 54   벼룩시장에서 물건 사기 4: 요리 용품  
  Acheter au marché aux puces 4
- 56   벼룩시장에서 물건 사기 5: 그릇  
  Acheter au marché aux puces 5
- 58   [일상회화] 부르기/묻기

## Part 3
### 패션과 뷰티
### Profiter de la mode et de la beauté

- 62   옷 가게 가기   Acheter des vêtements
- 64   옷 고르기   Choisir des vêtements
- 66   옷 입고 벗기   S'habiller / Se déshabiller
- 68   입어 보기   Essayer des vêtements
- 70   피부관리샵 가기  
  Aller à l'institut de beauté
- 72   미용실 가기   Aller au salon de coiffure
- 74   화장품·일용품 고르기  
  Choisir des produits de beauté
- 76   [일상회화]  
  대답하기/맞장구치기 1

## Part 4
## 문화 즐기기
### Au contact de la culture

- 80　미술관 가기　Aller au musée
- 82　영화 보기　Voir un film
- 84　고서점 구경하기　Faire les bouquinistes
- 86　취미 생활　Profiter des loisirs
- 88　[일상회화]　대답하기/맞장구치기 2

## Part 5
## 음식 즐기기
### Apprécier la gastronomie

- 92　카페 가기　Aller au café
- 94　빵집 가기　Aller à la boulangerie
- 96　레스토랑 가기　Aller au restaurant
- 98　레스토랑에서 먹기　Manger au restaurant
- 100　메뉴 알기 1: 메뉴판 Connaître les plats 1
- 102　메뉴 알기 2: 전체·주요리·와인 Connaître les plats 2
- 104　메뉴 알기 3: 디저트·치즈·음료 Connaître les plats 3
- 106　시장 가기: 과일·채소　Aller au marché
- 108　슈퍼마켓 가기　Aller au supermarché
- 110　요리하기 1: 주방 용품　Faire la cuisine 1
- 112　요리하기 2: 요리 방법　Faire la cuisine 2
- 114　다 함께 먹기　Manger ensemble
- 116　식재료: 고기·생선　Viande·Poisson
- 118　[일상회화]　감정 표현

## Part 6
## 바캉스와 휴일
### Partir en vacances ou en week-end

- 122　바캉스 1: 비행기　Vacances 1
- 124　바캉스 2: 드라이브　Vacances 2
- 126　바캉스 3: 호텔　Vacances 3
- 128　바캉스 4: 해변　Vacances 4
- 130　바캉스 5: 피크닉·캠핑　Vacances 5
- 132　휴일 1: 파티　Week-end 1
- 134　휴일 2: 데이트　Week-end 2
- 136　휴일 3: 공원　Week-end 3
- 138　휴일 4: 동물원·수족관　Week-end 4
- 140　[일상회화]　비유/관용구

## Part 7
## 파리의 일상
### Vivre à Paris

- 144　집 1: 집 구조　Maison 1
- 146　집 2: 실내　Maison 2
- 148　병원 가기　Aller à l'hôpital
- 150　신체·성격　Corps et personnalité
- 152　숫자 세기　Compter
- 154　하루와 시간　La journée et le temps
- 156　1년과 월일　Le mois et l'année
- 158　[일상회화]　은어

- 160　Index 1: 한글로 찾기
- 185　Index 2: 프랑스어로 찾기

이것만 알면 읽을 수 있다!

# 프랑스어 기초 문법

프랑스어가 처음인 분도 여기 나오는 문법만 익히면 프랑스어를 시작할 수 있습니다.

## 프랑스어의 abc

| | | | | | |
|---|---|---|---|---|---|
| **Aa** 아 | **Bb** 베 | **Cc** 쎄 | **Dd** 데 | **Ee** 으 | **Ff** 에프 |
| **Gg** 제 | **Hh** 아슈 | **Ii** 이 | **Jj** 쥐 | **Kk** 까 | **Ll** 엘 |
| **Mm** 엠 | **Nn** 엔 | **Oo** 오 | **Pp** 뻬 | **Qq** 뀌 | **Rr** 에-흐 |
| **Ss** 에쓰 | **Tt** 떼 | **Uu** 위 | **Vv** 베 | **Ww** 두블르베 | **Xx** 익쓰 |
| **Yy** 이그헥 | **Zz** 제드 | | | | |

모두 26개의 알파벳이 있으며, 그밖에 액센트 부호로 악썽떼귀(´), 악썽그하브(`), 악썽씨흐꽁플렉쓰(^)나 트헤마(¨)가 붙은 글자, 쎄디으(ç), 붙어 있는 글자(œ)가 사용됩니다.

## 명사

프랑스어의 명사는 남성과 여성으로 나뉩니다. 예를 들면 '카페'는 남성명사, '바게트'는 여성명사입니다. 성별이 정해진 데는 특별한 이유나 규칙이 없어서 각 단어를 외울 때 함께 외우는 것이 좋습니다. 그리고 명사를 복수로 쓸 때는 단어 끝에 s를 붙이는 것이 기본 규칙입니다. 하지만 프랑스어에서는 마지막 자음을 발음하지 않는 경우가 많아서 발음으로는 구별하기가 어렵습니다. 대신, 뒤에 소개할 관사를 근거로 명사의 단·복수를 판단할 수 있습니다.

**café** 카페 = 남성명사 (m)
**baguette** 바게트 = 여성명사 (f)
**cigarette** 담배 = 여성명사 (f), 발음 [씨갸헤뜨]
└─ 복수형일 때는 cigarette**s**, 발음 [씨갸헤뜨]

> **Tip** 남성명사, 여성명사를 잘못 알고 써도 의미는 통하지만 자연스럽지 않습니다. 새로운 단어를 외울 때는 관사를 함께 외우는 것이 좋습니다.

## 형용사

영어는 형용사를 명사 앞에 쓰지만, 프랑스어는 기본적으로 명사 뒤에 형용사를 씁니다. 또 명사의 성과 수에 따라 형용사도 변하는데요, 예를 들어 여성명사는 어미에 'e'가, 명사가 복수인 경우는 's'가 붙는 변화가 일어납니다.

**Un pull gris** 회색 스웨터
 │     └─→ 남성형
 └─→ 남성명사

**Une veste grise** 회색 재킷
  │      └─→ 여성형
  └─→ 여성명사

**Trois vestes grises** 세 장의 회색 재킷
    │       └─→ 여성복수형
    └─→ 여성복수명사

명사 vestes가 여성형이기 때문에 e, 복수형이기 때문에 s가 붙습니다.

> **Tip** '큰' grand(e), '작은' petit(e), '나쁜' mauvais(e), '좋은' bon(ne) 등 예외적으로 명사 앞에 놓는 형용사도 있습니다.(주로 일상에서 자주 사용되고 철자가 짧은 형용사입니다.)
>
> **Un grand sac** 큰 가방
>  │     └─→ 남성명사
>  └─→ 남성형
>
> **Une jolie jupe** 예쁜 치마
>  │     └─→ 여성명사
>  └─→ 여성형

# 관사

관사는 정관사, 부정관사, 부분관사가 있습니다. 정관사(영어의 the)는 특정한 것이나 이미 알고 있는 것에 사용하며, 부정관사(영어의 a)는 불특정한 것이나 이야기 속에 처음 등장하는 것에 사용합니다. 관사 역시 명사처럼 남성형이냐 여성형이냐, 단수냐 복수냐에 따라서 변합니다. 그리고 '물'이나 '행운' 같이 셀 수 없는 명사에는 부분관사를 사용합니다. 아래 표를 참고하세요.

## [정관사와 부정관사]

|  | 단수(남성) | 단수(여성) | 복수 |
|---|---|---|---|
| 정관사 | le | la | les |
| 부정관사 | un | une | des |

**le café** (이미 알고 있는, 특정한) 커피
└→ 남성명사

**la baguette** (이미 알고 있는, 특정한) 바게트
└→ 여성명사

**les cigarettes** (이미 알고 있는, 특정한) 담배
└→ 복수명사

**un café** (한 잔의) 커피
└→ 남성명사

**une baguette** (한 개의) 바게트
└→ 여성명사

**des cigarettes** (몇 개피의) 담배 (복수)
└→ 복수명사

## [부분관사]

|  | 남성형 | 여성형 |
|---|---|---|
| 부분관사 | du | de la |

**du café** (액체인) 커피
└→ 남성명사

**de la viande** (덩어리인) 고기
└→ 여성명사

> **Tip** 나라 이름, 지명, 건물 이름 같은 고유명사는 정관사를 사용합니다. 예를 들어 '루브르 미술관'은 le musée du Louvre, '프랑스'는 la France, '리옹 역'은 la Gare de Lyon입니다. 또 정관사 le와 la 뒤에 모음이나 h로 시작되는 단어가 올 때는 l'로 바뀝니다.
>
> le+모음으로 시작되는 명사 → **l'église** 교회
> le+h로 시작되는 명사 → **l'hôtel** 호텔

# 전치사

프랑스어의 주요 전치사입니다. 괄호 안의 영어 전치사를 참고하면 이해하기 쉽습니다.

> **Tip** 전치사 à 뒤에 정관사 le가 오면 au로, les가 오면 aux로 바뀝니다.
> 전치사 de의 경우에도 de+le는 du로, de+les는 des로 바뀌는
> 축약이 일어납니다.
>
> 카페에 갑니다.   **Je vais à le café.** (×) → Je vais au café. (O)
> 멕시코에서 왔습니다.   **Je viens de le Mexique.** (×) → Je viens du Mexique. (O)

| 전치사 | 뜻 | 예문 |
|---|---|---|
| **à** (at, to, in) | ~에, ~쪽으로 | Je vais à l'église. 교회에 갑니다. |
| **de** (from) | ~에서, ~의 | Je viens du Japon. 일본에서 왔습니다. |
| **en** (in, to) | ~에, ~에서 | Je suis en Provence. 프로방스에 있습니다. |
| **avec** (with) | ~와 함께 | avec elle 그녀와 함께 |
| **sans** (without) | ~없이 | sans réservation 예약 없이 |
| **pour** (for) | ~을 위해, ~동안 | pour les parents 부모님을 위해 |
| **par** (by) | ~에 의해, ~을 통해 | par la tour Eiffel 에펠탑을 지나 |
| **dans** (in, into) | ~속에 | dans le sac 가방 속에 |
| **avant** (before) | ~의 앞 | avant le déjeuner 점심 전 |
| **après** (after) | ~의 뒤 | après le coucher du soleil 일몰 후 |
| **jusqu'à** (till, until) | ~까지 | jusqu'à sept heures 7시까지 |
| **depuis** (since) | ~이래 | depuis les jeux Olympiques 올림픽 이래 |
| **sur** (on) | ~위에 | sur la table 테이블 위에 |
| **sous** (below) | ~아래에 | sous le bureau 책상 밑에 |
| **vers** (towards, about) | ~쪽으로, ~정도로 | vers le Sud 남쪽으로 |
| **devant** (in front of) | ~앞에, ~앞에서 | devant l'hôtel 호텔 앞에 |
| **derrière** (behind) | ~뒤에, ~뒤에서 | derrière la porte 문 뒤에 |

## 주어와 동사

### [주어] 인칭대명사

인칭대명사의 구분은 영어와 비슷해서 기억하기 쉽습니다. 주의해야 할 것은 2인칭의 tu와 vous의 구분입니다. 비슷한 또래의 지인이나 친구 처럼 친한 사람에게는 tu를, 윗사람이나 처음 보는 사람에게는 vous를 사용합니다.

|  | 1인칭 | 2인칭 | 3인칭 |
|---|---|---|---|
| 단수 | 나는<br>**je** | 너는 (당신은)<br>**tu (vous)** | 그/그녀는<br>**il/elle** |
| 복수 | 우리들은<br>**nous** | 너희들은 (당신들은)<br>**vous** | 그/그녀들은<br>**ils/elles** |

### [동사]

동사는 주어에 따라 변하는데, 그 활용이 복잡해서 프랑스어를 잘하기 위해서는 하나씩 외워야 합니다. 이때 동사만 외우는 것보다 주어를 포함한 문장 전체를 외우면 좀 더 쉽게 기억할 수 있습니다. 예로 기본적인 세 가지 변형을 알아봅시다.

| 주어 \ 동사 | **être** 이다 | **avoir** 가지다, 들다 | **aimer** 사랑하다 |
|---|---|---|---|
| je (j') | suis | ai | aime |
| tu | es | as | aimes |
| il/elle | est | a | aime |
| nous | sommes | avons | aimons |
| vous | êtes | avez | aimez |
| ils/elles | sont | ont | aiment |

## 의문문

프랑스어에서 의문문을 만드는 방법은 세 가지입니다. 가장 간단한 것은 문장의 어미를 올려서 발음하는 방법, 두 번째는 문장 첫머리에 'Est-ce que'를 붙이는 방법, 그리고 주어와 동사의 순서를 바꾸는 방법입니다. '프랑스 사람입니까?'를 세 가지 방법으로 바꿔 봅시다.

❶ 어미를 올려 발음한다.
**Vous êtes Français(e)?** ↗

❷ Est-ce que를 문장 앞에 놓는다.
**Est-ce que vous êtes Français(e)?**

❸ 주어와 동사의 위치를 바꾼다.
**Êtes-vous Français(e)?**

## 부정문

동사를 ne와 pas 사이에 넣어서 부정문을 만듭니다. 영어처럼 생각하면 ne를 강하게 의식하지만, 중요한 것은 pas입니다. pas를 분명하게 발음하세요. 참고로 ne와 pas 사이에 들어가는 동사가 모음과 h로 시작할 때는 ne를 n'로 표기합니다.

**Je suis Français(e).**
나는 프랑스 사람입니다.

**Je ne suis pas Français(e).**
나는 프랑스 사람이 아닙니다.

---

### '이', '그', '저'는 어떻게 구분할까요?

프랑스어의 지시형용사는 우리말의 '이', '그', '저', 영어의 this, that과 같이 대상에 따라 다르지 않습니다. 대신 대상이 되는 명사의 성과 단수인지 복수인지에 따라 ce/cette/ces를 사용합니다. 또 모음과 h로 시작되는 남성명사에 붙을 때는 아래와 같이 cet로 바뀝니다.

|  | 이, 그 | 이것들, 그것들 |
|---|---|---|
| 지시형용사 | 남성: **ce (cet)** / 여성: **cette** | 남성·여성: **ces** |

[남성명사 단수]
**ce billet** 이(그) 표

[h로 시작하는 남성명사 단수]
**cet hôtel** 이(그) 호텔

[여성명사 단수]
**cette veste** 이(그) 재킷

[복수]
**ces billets** 이(그) 표들

# 이 책의 사용방법

편하게 학습할 수 있도록 다음과 같이 표기했습니다.

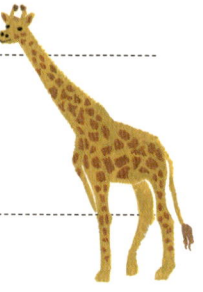

## 명사

[뜻] → 출구
[프랑스어] → **sortie** (f)
[발음] → 쏘흐띠

[성]
(m)은 남성명사, (f)는 여성명사, (m.pl.)은 항상 복수로 쓰이는 남성명사, (f.pl.)은 항상 복수로 쓰이는 여성명사

주어가 남성인지 여성인지에 따라 형태가 변하는 명사는 아래와 같이 파란 글씨 부분을 바꾸어 남성형, 여성형을 나타냅니다.

영화 감독
**réalisat**eur(rice)
헤알리자뙤흐(트히스)

→ [영화 감독이 남성인 경우]
**réalisateur**
헤알리자뙤흐

[영화 감독이 여성인 경우]
**réalisatrice**
헤알리자트히스

## 형용사

주어가 남성인지 여성인지에 따라 형태나 발음이 달라집니다. 어미의 괄호 부분을 덧붙이거나 파란 부분을 바꾸면 여성형이 됩니다.

우아한
**élégant**(e)
엘레겅(뜨)

→ [주어가 남성인 경우]
**Il est élégant.**
일 레 뗄레겅

[주어가 여성인 경우]
**Elle est élégante.**
엘 레 뗄레겅뜨

행복한
**heureu**x(se)
외흐(즈)

→ [주어가 남성인 경우]
**Il est heureux.**
일 레 뙤흐

[주어가 여성인 경우]
**Elle est heureuse.**
엘 레 뙤흐즈

## 발음

r은 딱 맞는 한글 발음이 없어서 'ㅎ'로 표시했습니다. 정확한 발음은 윗턱과 혀 안쪽을 가깝게 붙여 그 사이로 숨을 내보내는 것입니다. 이때 혀끝은 아래를 향하도록 하는 것이 포인트입니다.

## 참고

함께 보면 도움이 되는 내용은 ▶표시와 해당 페이지를 제시했습니다.

# 키워드로 보는 파리 생활

Mots-clés de la vie parisienne

## 키워드로 보는 파리 생활
# Chic 멋있는, 세련된
쉭(끄)

0-01

개성
**originalité**(f)
오히쥐날리떼

아이디어
**idée**(f)
이데

패션, 모드
**mode**(f)
모드

브랜드
**marque**(f)
마흐끄

오트쿠튀르
**haute couture**(f)
오뜨 꾸뛰흐

▌'오더메이드(주문 제작)'는 sur mesure [쒸흐 므쥐흐], '기성복'은 prêt-à-porter (m) [프헤-따-뽀흐떼]

스타일
**style**(m)
스띨

▌'옷차림, 치장'은 allure (f) [알뤼흐]. 참고로 세련되지 않은 여성은 Elle n'a pas de style. [엔 나 빠 드 스띨] 직역하면 '스타일이 없다'입니다.

유행
**tendance**(f)
떵덩스

▌이 단어와 비슷하게 유행을 나타내는 말로 à la mode [알 라 모드]가 있습니다. 하지만 모두가 똑같은 유행을 따르는 것이 아니라 자신만의 스타일에 유행하는 요소를 가미하는 것을 멋지다고 생각합니다.

'프랑스 여성은 그 옷차림만 봐도 바로 알 수 있다.'는 말이 있습니다. 프랑스 여성의 옷차림 특징을 한마디로 표현한다면 chic라고 할 수 있어요. 오트쿠튀르(맞춤복)를 몸에 두른 노부인도, 평범한 옷을 독특하게 연출해내는 파리지엔느도 각자의 개성을 표현하는 세련된 스타일을 추구하지요. 취향이나 연출 방법은 달라도 자신에게 어울리는 것이 무엇인지 잘 알고 유행이나 브랜드를 넘어 분명한 자신의 스타일을 멋지게 나타내는 사람들이 많습니다.

기품 있는
## classe
끌라쓰
▌'세련된'은 raffiné(e) [하피네], 반대로 '품위 없는'은 vulgaire [뷜게흐]

캐주얼한
## décontracté(e)
데꽁트학떼

우아한
## élégant(e)
엘레겅(뜨)

귀여운
## mignon(ne)
미뇽(뇬느)
▌성인 여성에게는 '귀엽다'고 하지 않고 '아름답다' belle [벨르]를 사용합니다.

위엄
## prestance(f)
프헤쓰떵스
▌프랑스에서는 여성이 고상하고 위엄이 있는 태도를 갖춘 것을 최고로 꼽습니다. 아무래도 여성의 사회 진출이 많은 프랑스에서는 야무진 커리어우먼을 많이 만나게 되지요.

멋진
## cool
꿀르
▌영어단어 cool과 비슷한 쓰임으로, 사람이나 사물의 멋지다는 뜻의 비속어 표현입니다.

수수한
## sobre
쏘브흐
▌명사로는 sobriété (f) [쏘브히에떼]라고 합니다.

남자다운
## masculin(e)
마스뀔렝(린느)

여성스러운
## féminin(e)
페미넹(닌느)

( )와 어울리는
## aller avec ( )
알레 아베끄

키워드로 보는 파리 생활
# bien-être 행복, 평안, 만족  0-02
비에네트흐

안색이 좋은
**bonne mine**
본느 민느

▮ '창백하다'는 pâle [빨르]

건강한
**en forme**
엉 포흠므

몸
**corps**(m)
꼬흐

충족, 만족
**satisfaction**(f)
싸띠스팍씨옹

행복
**bonheur**(m)
보뇌흐

화장품
**produit de beauté**(m)
프호뒤 드 보떼

빛남, 광채
**éclat**(m)
에끌라

손질, 케어
**soin**(m)
쓰웽

마음
**cœur**(m)
꾀흐

아름다움, 미(美)
**beauté**(f)
보떼

▮ '아름다운'은 be**au**(lle) [보(벨)], 또는 **joli**(e) [죨리]라고도 합니다.

온천
**source thermale**(f)
쑤흐쓰 떼흐말르

▮ 프랑스 온천은 뜨겁지 않아서 보통 수영복을 입고 들어갑니다.

18

Mots-clés de la vie parisienne

bien-être [비에네트흐]는 사전적으로 '행복, 만족'이라는 뜻입니다. 하지만 '몸과 마음이 모두 충실한 상태, 건강미, 상쾌함' 등의 뉘앙스를 가지고 있어서 잡지, TV 광고, 상품명, 상점 코너명으로 많이 쓰지요. 이는 열심히 일하고 여가도 즐기는 삶, 그러면서도 건강하여 민낯만으로도 생기 있게 빛나는 아름다움을 오래 유지하는 것을 뜻합니다. 프랑스 여성들이 미를 바라보는 관점과 삶의 목표를 짐작할 수 있는 단어가 bien-être [비에네트흐]라고 할 수 있습니다.

건강
## santé(f)
썽떼
▪ '건강한'은 sain(e) [쌩(쎈느)]

휴식을 취하다
## se relaxer
쓰 헐락쎄
▪ '기분 좋아' Je me sens bien. [쥬 므 썽 비엥], '스트레스' stress (m) [스트헤쓰], '나 짜증났어' Je suis énervé(e). [쥬 쒸 에네흐베]

피부관리샵
## institut de beauté(m)
엥스띠뛰 드 보떼
▪ 파리의 샹제리제 주변이나 대형 호텔 안에 유명한 곳이 많습니다.

아로마테라피
## aromathéraphie(f)
아호마떼하피
▪ thalassothérapie (f) [딸라쏘떼하피]는 '해수요법'으로 알려진 건강관리법으로 프랑스의 브르타뉴 지방에서 시작되어 전 세계로 확산되었습니다.

다이어트 상품
## produit diététique(m)
프호뒤 디에떼띠끄
▪ pharmacie (f) [파흐마씨]는 우리나라에서도 쉽게 볼 수 있는 드럭스토어와 비슷한 곳인데요, 식사보조식품부터 슬리밍 크림까지 다양한 다이어트 상품을 팝니다.

식품
## alimentation(f)
알리멍따씨옹
▪ 파리지엔느는 '건강과 미는 식생활부터'라고 생각합니다. '무농약' bio [비오] 채소나 곡물 같은 건강한 식품을 취급하는 상점이나 레스토랑도 쉽게 찾아볼 수 있습니다.

## 키워드로 보는 파리 생활
# âme sœur 인생의 동반자
암 쐬흐    0-03

센 강변이나 메트로나 공원, 거리 곳곳을 지나가다 보면 사랑을 속삭이는 커플을 많이 볼 수 있습니다. 프랑스에서는 결혼이라는 형식에 구애 받지 않고 동거하면서 아이도 기르는 커플이 많습니다. 그리고 높은 이혼율 때문에 독신자도 많지요. 하지만 나이가 들어도 혼자 지내는 것보다 연애하는 상대가 있습니다. 그래서 프랑스를 '사랑의 나라'라고 부르는 사람이 많습니다. 항상 '인생의 동반자, 소중한 사람'이라는 뜻의 âme sœur [암 쐬흐]를 찾는 일을 일상적이고 자연스럽게 생각합니다.

관계
**relation**(f)
흘라씨옹

신뢰
**confiance**(f)
꽁피엉쓰

영원한
**éternel(le)**
에떼흐넬르
▌'평생'은 à vie [아 비]

정열
**passion**(f)
빠씨옹

고독
**solitude**(f)
쏠리뛰드
▌'외롭다'는 Je me sens seul(e) [쥬 므 썽 쐴르]

함께
**ensemble**
엉썽블르

가치관
**valeurs**(f.pl.)
발뢰흐
▌가치관이 '같다'는 identiques [이덩띠끄], '다르다'는 différentes [디페헝뜨]

결별
**rupture**(f)
휩뛰흐
▌'헤어지다'는 se séparer [쓰 쎄빠헤], '버리다, 차다'는 larguer [라흐게]

Mots-clés de la vie parisienne

부부, 커플
## couple(m)
꾸쁠르

■ '부부, 연인' 모두 couple [꾸쁠르]라는 단어를 사용합니다.

■ 매년 초여름 파리에서 열리는 '게이 퍼레이드' gay parade (f) [게 빠하드]는 '동성애' homosexualité (f) [오모쎅쒸알리떼]의 자유를 호소하는 축제입니다.

동거
## concubinage(m)
꽁뀌비나-쥬

■ 결혼하지 않고 오랫동안 동거를 계속하는 커플도 많은 프랑스에서는 pacs (m) [빠끄]라는 공식 동거증명서도 존재해 세금 공제 등의 혜택을 받을 수 있습니다.

약혼
## fiançailles(f.pl.)
피엉싸이-으

결혼식
## cérémonie de mariage(f)
쎄헤모니 드 마히아-쥬

결혼
## mariage(m)
마히아-쥬

이혼
## divorce(m)
디보흐쓰

기혼
## marié(e)
마히에

독신
## célibataire
쎌리바떼흐

속삭이다
## murmurer
뮈흐뮈헤

■ '사랑해요'는 Je t'aime. [쥬 뗌므], '~를 사랑하다'는 Je suis amoureu(se) de ~ [쥬 쒸 아무흐(즈)], '우리는 사귀고 있어요'는 Nous sommes ensemble. [누 쏨므 정썽블르]라고 합니다.

사랑의 아픔
## chagrin d'amour(m)
샤그행 다무흐

로맨틱한
## romantique
호멍띠끄

사랑
## amour(m)
아무흐

■ mon amour [모 나무흐]는 연인을 부를 때 쓰는 단어입니다. 그밖에 mon chou [몽 슈] 직역하면 '나의 양배추', mon lapin [몽 라뼁] '나의 토끼' 등 다양한 호칭이 있습니다.

당당하게
## ouvertement
우베흐뜨멍

## 키워드로 보는 파리 생활
# affinités 유대감, 친밀함
0-04
아피니떼

affinités [아피니떼]란 '관계, 유대, 친근감'이라는 의미입니다. '자유, 평등, 우애'를 존중하는 프랑스에서는 아프리카, 아랍, 아시아에서 온 다양한 사람들이 살고 있고, 나이, 성별, 국적, 인종에 상관 없이 솔직하고 스스럼없는 우정과 연애가 싹틉니다. 나이나 취미 등 공통점을 계기로 친해지기도 하지만, 서로의 차이에 흥미를 느껴 친해지는 경우도 많습니다. 그런 다양한 만남 속에서 중요한 것은 커뮤니케이션을 하려는 적극적인 자세이지요. 프랑스어가 서툴더라도 자신의 생각을 전달하려고 노력하는 태도가 관계를 이어나가는 데는 중요합니다.

자유
**liberté**(f)
리베흐떼

평등
**égalité**(f)
에갈리떼

우애
**fraternité**(f)
프하떼흐니떼

국적
**nationalité**(f)
나씨오날리떼

성격
**caractère**(m)
꺄학떼흐

취미
**goût**(m)
구

생각
**opinion**(f)
오삐니옹

공감
**sympathie**(f)
쌩빠띠

출신
**origine**(f)
오히쥔

커뮤니케이션
**communication**(f)
꼬뮤니까씨옹

▌'대화'는 conversation (f) [꽁베흐싸씨옹], '의논'은 discussion (f) [디스뀌씨옹]

공통점
**point commun**(m)
쁘웽 꼬망

▌'차이'는 différence (f) [디페헝쓰]

Mots-clés de la vie parisienne

우정
**amitié**(f)
아미띠에

나이
**âge**(m)
아-쥬

성별
**sexe**(m)
쎅스

인상
**impression**(f)
엠프헤씨옹

▌'첫인상'은 première impression (f) [프흐미에흐 엠프헤씨옹], '겉모습, 외모'는 apparence (f) [아빠헝쓰]

파티
**fête**(f)
페뜨

만남
**rencontre**(f)
헝꽁트흐

담소를 나누다
**discuter**
디스뀌떼

▌프랑스 사람들은 어떤 상황에서든 대화하는 것을 좋아합니다. '과묵' silencieux(se) [씰렁씨으(즈)] 하면 사람을 사귈 때는 손해를 보는 경우도 있습니다. '불편, 곤란'은 gêne (f) [젠느]라고 하죠.

환경
**environnement**(m)
엉비홍느멍

동료, 친구
**bande de copains(ines)**
벙드 드 꼬뺑(삔느)

▌'룸메이트'는 colocataire [꼴로까떼흐], '클래스메이트'는 camarade [까마하드], '지인'은 connaissance (f) [꼬네썽쓰]

키워드로 보는 파리 생활

# art de vivre 삶의 지혜
아흐 드 비브흐

0-05

고다르의 영화 '여자는 여자다'의 여주인공은 요리에 서툴지만 늘 테이블에는 꽃을 두고, 유머를 잊지 않는 사랑스런 여성입니다. 프랑스 여성을 가장 잘 표현하는 캐릭터라고 할 수 있지요. 프랑스에서는 꽃을 고르고 테이블을 멋지게 장식하는 미적 감각을 소중하게 여깁니다. 일상에 녹아든 높은 미의식은 자연스럽게 생활에 생기를 더해주죠. Art de vivre [아흐 드 비브흐]를 직역하면 '인생, 생활의 예술'이라는 뜻으로, 인생 자체를 예술로 보는 프랑스 사람들을 이해하는 중요한 키워드이기도 합니다. 우리 말로 딱 맞게 변역할 수는 없으니 '삶의 지혜'라고 하겠습니다.

정책
**politique**(f)
뽈리띠끄

인생을 즐기는 사람
**bon(ne) vivant(e)**
봉(본느) 비벙(뜨)
▎미식이나 놀이, 취미에 정통하고 인생을 즐길 줄 아는 사람을 가리킵니다.

보다 잘 살다
**vivre mieux**
비브흐 미으

라이프스타일
**mode de vie**(m)
모드 드 비

생활하다
**vivre**
비브흐

미의식
**esthétique**(f)
에스떼띠끄

인생
**vie**(f)
비

Mots-clés de la vie parisienne

일상생활
**vie quotidienne**(f)
비 꼬띠디엔느

달인, 전문가
**connaisseur(se)**
꼬네씨흐(쓰즈)

즐거움
**plaisir**(m)
쁠레지흐

■ '기쁨, 쾌락'이라는 뜻도 됩니다. Avec Plaisir! [아벡 쁠레지흐]라고 하면 '기꺼이'라고 동의하는 의미입니다.

예의, 에티켓
**savoir-vivre**(m)
싸브와흐-비브흐

■ '자유의 나라' 이미지가 강한 프랑스지만 즐거운 시간도 예의나 에티켓은 있으며 이 또한 프랑스의 '미의식' 중 하나입니다. 가정의 예의범절이나 레스토랑에서의 매너가 엄격한 문화를 가지고 있지요.

가치
**valeur**(f)
발뢰흐

■ '가치관'은 valeurs (f,pl.)

쾌적
**confort**(m)
꽁포흐

사치
**luxe**(m)
뤽쓰

센스
**sens**(m)
썽쓰

아트, 예술
**art**(m)
아흐

정통하다
**connaître**
꼬네트흐

탐구
**enquête**(f)
엉께뜨

데코레이션, 장식
**décor**(m)
데꼬흐

■ '장식하다'는 décorer [데꼬헤], '테이블 장식'은 art de la table (m) [아흐 들 라 따블르]

퀄리티
**qualité**(f)
꺌리떼

■ '양질의'는 de qualité [드 꺌리떼]

# Part 1

## 파리의 풍경
**Faciliter son séjour à Paris**

평범한 거리에서 파리만의 아름다움을 만나보세요.
지하철과 버스를 잘 이용한다면 당신은 이미
훌륭한 파리지앵, 파리지엔느!

# Paysage parisien 1

파리의 풍경
거리 풍경 1: 주요 명소

1-01

숲
**bois** (m)
브와

공원
**parc** (m)
빠흐끄

개선문
**Arc de triomphe** (m)
아흐끄 드 트히옹프

랜드마크
**repère** (m)
흐뻬흐

심볼
**symbole** (m)
썽볼르

에펠 탑
**Tour Eiffel** (f)
뚜흐 에펠

교회
**église** (f)
에글리즈

강
**fleuve** (m)
플뢰브

▎rivière (f) [히비에흐]라고도 하며, fleuve [플뢰브]는 규모가 좀더 작은 강

중심지
**centre-ville** (m)
썽트흐-빌

새
**oiseau** (m)
오와조

지구
**quartier** (m)
꺄흐띠에

근대적인 지구
**quartier moderne** (m)
꺄흐띠에 모데흐느

궁전
**palais** (m)
빨레

오래된 지구
**vieux quartier** (m)
비으 꺄흐띠에

▎파리는 20개 '구' arrondissement (m) [아홍디쓰멍]로 나뉘어 있으며, 센 강 북쪽을 '우안' Rive Droit, 남쪽을 '좌안' Rive Gauche 이라고 부릅니다.

# Part 1

## 파리의 풍경
# Paysage parisien 2
### 1-02
거리 풍경 2 : 상점과 공공시설

우체국
**poste**(f)
뽀스뜨

시청
**mairie**(f)
메히

우체통
**boîte postale**(f)
브와뜨 뽀스딸르

담뱃가게
**tabac**(m)
따바

상점
**boutique**(f)
부띠끄

■ commerce (m) [꼬메흐쓰]라고도 합니다.

은행
**banque**(f)
벙끄

ATM(현금자동지급기)
**distributeur de billets**(m)
디스트히뷔뙤흐 드 비예

큰길, 대로
**boulevard**(m)
불바흐

■ avenue (f) [아브뉘]라고도 합니다. '골목길'은 passage (m) [빠싸—쥬], '길'은 rue (f) [휘]

간판
**enseigne**(f)
엉쎈뉴

번화가
**quartier animé**(m)
꺄흐띠에 아니메

키오스크
**kiosque**(m)
끼오스끄

■ 책이나 잡지, 과자나 담배 등을 팝니다. '신문 가판대' marchand de journaux (m) [마흐썽 드 쥬흐노]는 주로 역 앞에 있습니다.

소방서
**caserne de pompiers**(f)
꺄제흐느 드 뽕삐에

경찰서
**commissariat**(m)
꼬미싸히아

대학
# université(f)
위니베흐씨떼

■ faculté (f) [파뀔떼]는 '학부'라는 뜻이에요. 줄여서 fac (f) [팍끄]라고 부르기도 합니다.

백화점
# grand magasin(m)
그헝 마가젱

슈퍼마켓
# supermarché(m)
쒸뻬흐마흐쉐

■ 편의점은 없지만 식료품과 잡화를 취급하는 작은 상점 épicerie (f) [에뻬쓰히]가 심야까지 열려 있습니다.

카페
# café(m)
꺄페

레스토랑
# restaurant(m)
헤스또헝

저건 뭐예요?
# Qu'est-ce que c'est?
께-스 끄 쎄

영화관
# salle de cinéma(f)
쌀 드 씨네마

케이크 가게
# pâtisserie(f)
빠띠쓰히

빵집
# boulangerie(f)
불렁쥬히

아케이드
# passage(m)
빠싸-쥬

■ galerie (f) [걀르히]라고도 합니다.

상점가
# quartier commerçant(m)
꺄흐띠에 꼬메흐썽

# Paysage parisien 3

파리의 풍경

거리 풍경 3 : 사람들

🔊 1-03

외국인
**étranger(ère)**
에트헝제(흐)

시인
**poète**
뽀에뜨

고양이
**chat(te)**
샤(뜨)

여행자
**touriste**(m)
뚜히스뜨

한국인
**Coréen(ne)**
꼬헤엥(엔느)

개
**chien(ne)**
쉬엥(엔느)

▌프랑스 사람들은 반려견을 식사나 여행에 동반하는 경우가 많습니다.

우편배달원
**facteur**(m)
팍뙤흐

프랑스인
**Français(e)**
프헝쎄(즈)

청소원
**balayeur**(m)
발레이외흐

▌'도로 청소원'을 말합니다. '건물 청소원'은 personnel d'entretien [뻬흐쏘넬 덩트흐띠엥]

화가
**peintre**
뻥트흐

파리 사람
**parisien(ne)**
빠히지엥(엔느)

정년퇴직자
**retraité(e)**
흐트헤떼

저 사람은 누구예요?
**Qui est-ce?**
끼 에-쓰

군인
**militaire**
밀리떼흐

회사원
**salarié(e)**
쌀라히에

포터
**porteur**(m)
뽀흐뙤흐

노동자, 직공
**ouvrier(ère)**
우브히에(흐)

요리사
**cuisinier(ère)**
뀌지니에(흐)

■ 프랑스어로 '셰프'는 요리장, 지휘자, 상사라는 뜻이 되기도 합니다.

모델
**mannequin**(m)
만(느)껭

■ 패션 모델을 말합니다. 그림 모델은 modèle [모델르]

주부
**femme au foyer**(f)
팜므 오 퐈예

웨이터
**garçon de café**(m)
갸흐쏭 드 까페

점원
**vendeur(se)**
벙되흐(드즈)

홈리스, 노숙자
**SDF(sans domicile fixe)**
에쓰데에프(썽 도미씰 픽쓰)

실업자
**chômeur(se)**
쇼뫼흐(므즈)

경찰관
**policier**(m)
뽈리씨에

대학생
**étudiant(e)**
에뛰디엉(뜨)

작가
**écrivain**(m)
에크히벵

Part 1

## Paysage parisien 4
거리 풍경 4: 거리

분수
**fontaine**(f)
퐁뗀느

교통 정체
**embouteillage**(m)
엉부떼이야-쥬

자동차
**voiture**(f)
브와뛰흐

건물
**bâtiment**(m)
바띠멍

빌딩
**immeuble**(m)
이뫼블르

낙서
**graffiti**(m)
그하피띠

신호
**feu**(m)
프

가드레일
**balustrade**(f)
발뤼스트하드

소화전
**bouche d'incendie**(f)
부슈 뎅썽디

횡단보도
**passage piétons**(m)
빠싸-쥬 삐에똥

교차로
**carrefour**(m)
까흐푸흐

교통 표지
**panneau de signalisation**(m)
빠노 드 씨냘리자씨옹

저건 이름이 뭐야?
**Comment ça s'appelle?**
꼬멍 싸 싸뻴

# Prendre le métro 1

파리의 풍경
지하철 타기 1 : 티켓 · 플랫폼

🔊 1-05

입구
**entrée**(f)
엉트헤

창구
**guichet**(m)
기쉐

에스컬레이터
**escalator**(m)
에스꺌라또흐

계단
**escalier**(m)
에스꺌리에

기분이 아주 좋은
**bonne humeur**(f)
본 위뫼흐

▌기분이 언짢을 때는 mauvaise humeur (f) [모베즈 위뫼흐]라고 합니다.

역무원
**guicheti**er(ère)
기쒸띠에(흐)

자동판매기
**guichet automatique**(m)
기쉐 오또마띠끄

고장
**en panne**
엉 빤느

버튼
**bouton**(m)
부똥

개찰
**accès aux quais**(m)
악쎄 오 께

바(bar)
**tourniquet**(m)
뚜흐니께

티켓, 표
**ticket**(m)
띠께

정기권
**carte orange**(f)
까흐뜨 오헝-쥬

회수권
**carnet**(m)
까흐네

통과하다
**passer**
빠쎄

점프하다
**sauter**
쏘떼

밀다
**pousser**
뿌쎄

선전 포스터
**affiche**(f)
아피슈

지하철 이외의 역
**gare**(f)
갸흐

지하철 역
**station**(f)
스따씨옹

도어, 문
**porte**(f)
뽀흐뜨

돌리다
**tourner**
뚜흐네

▌'열다'는 ouvrir [우브히흐], '닫다'는 fermer [페흐메]

수동의
**manuel(le)**
마뉘엘(르)

▌파리의 지하철 도어는 수동으로 엽니다. 의외로 손잡이가 무거우니 처음에는 다른 사람들이 하는 것을 보고 따라하는 것이 안전합니다. '자동'은 automatique [오또마띠끄]

손잡이
**poignée**(f)
쁘와녜

플랫폼
**quai**(m)
께

교통
**transport**(m)
트헝스뽀흐

종점
**terminus**(m)
떼흐미뉘스

방면
**direction**(f)
디헥씨옹

동맹 파업
**grève**(f)
그헤브

선
**ligne**(f)
린뉴

주의
**attention**
아떵씨옹

## 파리의 풍경
# Prendre le métro 2
지하철 타기 2 : 객실·승하차

**손잡이(봉으로 된 손잡이)**
**barre**(f)
바흐

**앉다**
**s'asseoir**
싸쓰와흐

**에티켓**
**convenance**(f)
꽁브넝쓰

**담소를 나누다**
**bavarder**
바바흐데

**퍼포먼스**
**performance**(f)
뻬흐포흐멍쓰

**아코디언**
**accordéon**(m)
아꼬흐데옹

**바이올린**
**violon**(m)
비올롱

**팁**
**pourboire**(m)
뿌흐브와흐

▪ 연주자가 연주를 끝내면 돈을 받으러 다닙니다. 듣기 좋았다면 팁을 내보세요. 보통 파리 사람들은 20센트에서 1유로 정도를 냅니다.

**독서**
**lecture**(f)
렉뛰흐

**분실물**
**objet trouvé**(m)
오브제 트후베

**말을 걸다, 부르다**
**adresser la parole**
아드헤쎄 라 빠홀르

**소매치기**
**pickpocket**(m)
삑(끄)뽀께뜨

**좌석**
**banquette**(f)
벙께뜨

**우선석**
**place prioritaire**(f)
쁠라쓰 프히오히떼흐

**보조 의자**
**strapontin**(m)
스트하뽕뗑

**통로**
**couloir**(m)
꿀르와흐

**러시아워**
**heure de pointe**(f)
외흐 드 쁘웽뜨**

출구
**sortie**(f)
쏘흐띠

도착
**arrivée**(f)
아히베

출발
**départ**(m)
데빠흐

출발 신호
**signal sonore**(m)
씨날 쏘노흐

환승
**correspondance**(f)
꼬헤쓰뽕덩쓰

노선도
**plan de métro**(m)
쁠렁 드 메트호

안내 방송
**annonce**(f)
아농쓰

사람이 별로 없음
**libre**
리브흐

차량
**wagon**(m)
바공

많은 사람
**foule**(f)
풀

▌부딪히거나 손이 닿아 사과할 때는 '죄송합니다' Excusez-moi. [엑쓰뀌제-므와]라고 하세요. Pardon [빠흐동]이라고 해도 좋습니다.

내리다
**descendre**
데썽드흐

▌내릴 때 절대로 사람을 밀지 마세요. '밀다'는 pousser [뿌쎄]입니다. 사람이 많아 내리기 어려울 때는 '내려요! Je descends! [쥬 데썽]이라고 큰 소리로 말하세요. 사람들 사이를 지나갈 때는 '죄송합니다'라는 의미로 Pardon [빠흐동]이라고 해야겠지요.

타다
**monter**
몽떼

정차
**arrêt de train**(m)
아헤 드 트헹

파리의 풍경
# Prendre le bus/taxi 🔊 1-07
버스·택시 타기

버스 정류장
**arrêt de bus**(m)
아헤 드 뷔쓰

정류장 이름
**nom d'arrêt de bus**(m)
농 다헤 드 뷔쓰

지도
**plan**(m)
쁠렁

■ 타기 전에 버스 정류장에 있는 지도를 '확인' vérification (f) [베히피까씨옹] 하세요. 지도에 적힌 vous êtes ici [부 제뜨 이씨]는 '당신은 이곳에 있습니다' 라는 뜻입니다.

벤치
**banc**(m)
벙

줄
**queue**(f)
끄

■ '줄서다'는 faire la queue [페흐 라 끄]라고 하지요.

번호
**numéro**(m)
뉴메호

행선지
**destination**(f)
데쓰띠나씨옹

손을 들다
**lever la main**
르베 라 멩

■ 타고 싶은 버스가 오면 손을 들어 신호를 보내세요. 버스 기사가 모르고 문을 열지 않으면 문 옆에 있는 녹색 버튼을 누르세요.

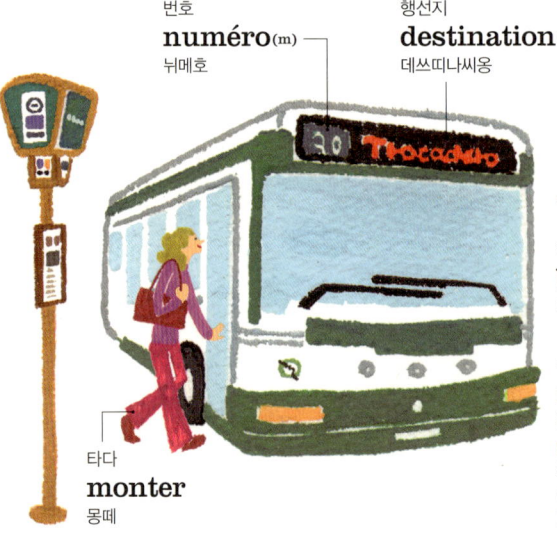

버스
**bus**(m)
뷔쓰

심야 버스
**noctilien**
녹띨리엉

■ 심야 버스에는 'N'이라는 마크가 붙어 있습니다. '심야는 tard dans la nuit [따흐 덩 라 뉘이]'

타다
**monter**
몽떼

신호하다
**faire signe**
페흐 씬뉴

다음에 내려요.
**arrêt demandé**
아헤 드멍데
■ 내리고 싶을 때는 버스 정류장에 도착하기 전에 빨간 버튼을 누릅니다.

노선
**itinéraire**(m)
이띠네헤흐

전방
**avant**(m)
아벙

검표기
**composteur**(m)
꽁뽀스뙤흐
■ 이곳에 표를 넣어 검표를 합니다. 각인이 없으면 무임 승차가 되니 주의하세요. '정기권' carte orange (f) [꺄흐뜨 오헝-쥬]는 운전 기사에게 보여주기만 해도 돼요.

세워 주세요!
**Arrêtez vous!**
아헤떼 부!

부르다
**appeler**
아쁠레

후방
**arrière**(m)
아히에흐

문 좀 열어 주세요!
**La porte, s'il vous plaît!**
라 뽀흐뜨, 씰 부 쁠레

■ 문이 열리지 않을 때는 운전 기사에게 이렇게 말하세요.

택시 타는 곳
**station de taxi**(f)
스따씨옹 드 딱씨

빈차
**libre**
리브흐
■ 정확히는 '비어 있음'이라는 뜻입니다. 차 위에 'ABC'라고 표시된 빨간 램프가 켜져 있어도 '빈차'입니다.

미터
**compteur**(m)
꽁뙤흐

장소
**endroit**(m)
엉드화

(행선지를) 요청하다
**demander**
드멍데
■ 기사님이 남자분이라면 Bonjour, Monsieur! [봉주르 무슈]라고 인사하세요.

문
**porte**(f)
뽀흐뜨

열다
**ouvrir**
우브히흐

요금
**prix**(m)
프히

# 일상회화
# Les mots de tous les jours

🔊 1-08

인사/사례/사과 saluts/remerciements/excuses

**인사하다**
**se saluer**
쓰 쌀뤼에

**볼, 뺨**
**joue**(f)
쥬

**껴안다**
**s'enlacer**
썽라쎄

**(인사) 키스**
**bisou**(m) · **bise**(f)
비주·비즈

■ bisou [비주]와 bise [비즈]는 비슷한 발음입니다. 키스라기보다는 뺨을 맞대고 입으로만 쪽 하는 소리를 내는 인사입니다. 주로 한쪽 뺨에 하지만 양쪽 뺨에 두 번 하는 경우도 있습니다. 처음 보는 남성끼리는 대부분 악수로 인사합니다.

**윙크하다**
**clin d'œil**(m)
끌렝 되이으

■ 프랑스 사람들은 윙크로 인사를 대신하는 경우가 많습니다. 신호를 보내거나 헤어질 때에도 절묘한 타이밍에 찡긋 윙크를 하죠. 참고로 '한쪽 눈'은 œil (m) [외이으], '양쪽 눈'은 yeux (m,pl.) [이으]입니다.

**악수하다**
**se serrer la main**
쓰 쎄헤 라 멩

**안녕! (아침, 낮 인사)**
**Bonjour!**
봉주(흐)

**오랜만!**
**Ça fait longtemps!**
싸 페 롱떵

**안녕! (밤 인사)**
**Bonsoir!**
봉쓰와(흐)

**안녕!**
**Salut!**
쌀뤼

■ '잘 지내?'는 Ça va? [싸 바], '잘 지내요. 당신은요?'는 Très bien. Et vous? [트헤 비엥. 에 부]. 상대방이 친한 사람인 경우는 '당신' vous [부]를 '너' toi [뚜아]로 바꿉니다.

■ '처음 뵙겠습니다'는 Enchanté(e) [엉성떼]

좋은 하루!
**Bonne journée!**
본 쥬흐네

안녕!
**Ciao!**
챠오

잘 자요! 안녕히 주무세요!
**Bonne nuit!**
본 뉘이

안녕히! (헤어질 때)
**Au revoir!**
오 흐브와(흐)

▌ '또 만나!'는 À bientôt! [아 비엥또], '내일 봐!'는 À demain! [아 드멩]

고마워요!
**Merci beaucoup!**
멕씨 보꾸

사례하다
**remercier**
흐메흐씨에

감사합니다.
**Je vous remercie.**
쥬 부 흐메흐씨

천만에요.
**Je vous en prie.**
쥬 부 정 프히

▌ '천만에요' Pas de quoi. [빠 드 꾸와]는 캐주얼한 표현이에요. '저야말로'는 C'est moi... [쎄 므와]라고 하지요.

사과하다
**s'excuser**
쎅쓰뀌제

미안해요.
**Je suis désolé(e).**
쥬 쒸 데졸레

정말 죄송해요.
**Je suis vraiment désolé(e).**
쥬 쒸 브헤멍 데졸레

신경 쓰지 마세요!
**Ne vous en faites pas!**
느 부 정 페뜨 빠

## Part 2

# 벼룩시장
**Les plaisirs du marché aux puces**

진귀한 물건을 찾으러 벼룩시장에 가볼까요?
매장 쇼핑에서는 맛볼 수 없는 파리만의
생기를 느껴 봅시다!

## 벼룩시장
# Aller au marché aux puces
🔊 2-01

벼룩시장 가기

**벼룩시장**
**marché aux puces**(m)
마흐쒜 오 쀠쓰

▪ 파리에는 클리냥쿠르, 방브, 몽트뢰유라는 큰 벼룩시장이 세 개 있으며 모두 주말에 열립니다.

**노점**
**stand**(m)
스떵드

**텐트**
**tente**(f)
떵뜨

**플리마켓**
**vide grenier**(m)
비드 그흐니예

▪ 옷이나 어린이 용품 등이 다양하게 갖추어져 있습니다.

**잡동사니·골동품 시장**
**brocante**(f)
브호껑뜨

**앤틱**
**antiquité**(f)
엉띠끼떼

**빈티지**
**vintage**(m)
벵따-쥬 / 빈떼-쥬

**신품인, 새것인**
**neuf(ve)**
뇌프(브)

**중고**
**occasion**(f)
오까지옹

**고물상**
**brocanteur(se)**
브호껑뙤흐(뜨즈)

**컨디션, 상태**
**état**(m)
에따

▪ '좋다'는 bon(ne) [봉(본느)],
 '나쁘다'는 mauvais(e) [모베(즈)]

**상점**
**boutique**(f)
부띠끄

▪ 벼룩시장에서는 '잘 알려지지 않은 좋은 곳' bonne adresse (f) [본 아드헤쓰]를 발견하는 것도 즐거움입니다.

**매입합니다**
**achat**(m)
아샤

▪ 가게 앞에 이런 안내문이 붙어 있죠.

## 벼룩시장
# Acheter au marché aux puces 1

🔊 2-02

벼룩시장에서 물건 사기 1 : 옷

( )년대
**années ( )**
아네 ( )

■ 괄호 안에 숫자를 넣어 말하세요.
40이라면 quarante [꺄헝뜨],
50이라면 cinquante [쎙껑뜨].
숫자 표현 ▶p.152

귀엽다!
**C'est mignon!**
쎄 미뇽

보다
**regarder**
흐갸흐데

시험하다, 해 보다
**essayer**
에쎄이에

헌옷
**fripes**(f.pl.)
프힙

스커트
**jupe**(f)
쥡(쁘)

청바지
**jean**(m)
진

원피스
**robe**(f)
호브

스웨터
**pull**(m)
쀨

카디건
**gilet**(m)
질레

블라우스
**chemisier**(m)
슈미지에

모자
**chapeau**(m)
샤뽀

베레모
**béret**(m)
베헤

헌팅캡
**casquette**(f)
꺄스께뜨

털모자, 챙 없는 모자
**bonnet**(m)
보네

수수한
**sobre**
쏘브흐

화려한
**voyant(e)**
브와이엉(뜨)

안경
**lunettes**(f.pl.)
뤼네뜨

헤어핀
**épingle à cheveux**(f)
에뼁글 아 슈브

선글라스
**lunettes de soleil**(f.pl.)
뤼네뜨 드 쏠레이으

똑딱 머리핀
**barrette**(f)
바헤뜨

귀걸이
**boucles d'oreilles**(f.pl.)
부끌 도헤이-으

스카프
**foulard**(m)
풀라흐

숄
**châle**(m)
샬(르)

핸드백
**sac à main**(m)
싹 까 멩

토트백
**cabas**(m)
까바

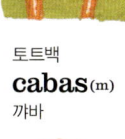

머플러
**écharpe**(m)
에샤흐쁘

반지
**bague**(f)
바그

팔찌
**bracelet**(m)
브하쓸레

목걸이
**collier**(m)
꼴리에

49

벼룩시장
# Acheter au marché aux puces 2
🔊 2-03

벼룩시장에서 물건 사기 2 : 잡화

굉장하다!
**Génial!**
제니알

잡화
**objets divers** (m.pl.)
오브제 디베흐

바구니
**panier** (m)
빠니에

병
**bouteille** (f)
부떼이-으

리본
**ruban** (m)
휘벙

구두 골
**embauchoir** (m)
엉보슈와(흐)

인형
**poupée** (f)
뿌뻬

레이스
**dentelle** (f)
덩뗄

린네르 제품
**linge** (m)
렝쥬

카메라
**appareil photo** (m)
아빠헤이으 포또

재떨이
**cendrier** (m)
썽드히에

문고리
**poignée** (f)
쁘와녜

액자
**cadre** (m)
까드흐

자전거
**vélo** (m) · **bicyclette** (f)
벨로 · 비씨끌레뜨

이거 사고 싶다!
**Je veux ça!**
쥬 브 싸

감동하다
**s'émouvoir**
쎄무브와(흐)

키 홀더
**porte-clés**(m)
뽀흐뜨-끌레

열쇠
**clé**(f)
끌레

꽃병
**vase**(m)
바즈

엽서
**carte postale**(f)
까흐뜨 뽀스딸(르)

촛대
**chandelier**(m)
성들리에

잉크 흡수지
**buvard**(m)
뷔바흐

양동이
**seau**(m)
쏘

나무 상자
**boîte en bois**(f)
브와뜨 엉 브와

유모차
**poussette**(f)
뿌쎄뜨

저금통
**tirelire**(f)
띠흘리흐

케이스
**boîte**(f)
브와뜨

다리미
**fer à repasser**(m)
페흐 아 흐빠쎄

벼룩시장

# Acheter au marché aux puces 3

🔊 2-04

벼룩시장에서 물건 사기 3 : 문구

문구
**papeterie**(f)
빠뻬트히

펜촉
**plume**(f)
쁠륌

뚜껑
**bouchon**(m)
부쏭

가위
**ciseaux**(m.pl.)
씨조

커터
**cutter**(m)
꾀떠(흐)

만년필
**stylo à encre**(m)
스띨로 아 엉크흐

잉크
**encre**(f)
엉크흐

연필
**crayon**(m)
크헤이용

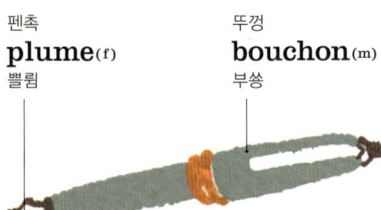

봉투
**enveloppe**(f)
엉블로쁘

편지지
**papier à lettres**(m)
빠삐에 아 레트흐

우표
**timbre**(m)
땡브흐

노트
**cahier**(m)
까이예

액정 화면
**écran**(m)
에크헝

계산기
**calculatrice**(f)
꺌뀔라트히쓰

지우개
**gomme**(f)
곰(므)

자
**règle**(f)
헤글르
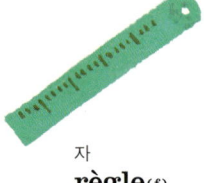

■ '볼펜'은 stylo à bille (m) [스띨로 아 빌(르)], '메모장'은 bloc-notes (m) [블록(끄)-노뜨], '스탬프'는 tampon (m) [떵뽕], '클립'은 attache (f) [아따슈]

어? **Tiens?** 티엥

즐기다 **s'amuser** 싸뮈제

소재 **matières**(f.pl.) 마띠에흐

나무 **bois**(m) 브와

금속 **métal**(m) 메딸

종이 **papier**(m) 빠삐에

도자기 **poterie**(f) · **céramique**(f) 뽀뜨히·쎄하미끄

동 **cuivre**(m) 뀌브흐

금 **or**(m) 오흐

스테인레스 **inox**(m) 이녹스

은 **argent**(m) 아흐정

유리 **verre**(m) 베흐

법랑 **émail**(m) 에마이으

놋쇠 **laiton**(m) 레똥

쇠 **fer**(m) 페흐

## 벼룩시장
# Acheter au marché aux puces 4

2-05

벼룩시장에서 물건 사기 4: 요리 용품

망설이다
**hésiter**
에지떼

키친 웨어
**accessoires de cuisine**(m.pl.)
악쎄쓰와흐 드 뀌진느

손잡이
**manche**(m)
멍슈

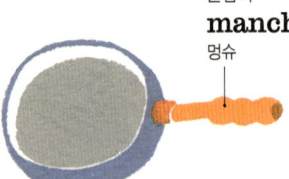

도마
**planche à découper**(f)
쁠렁슈 아 데꾸뻬

부엌칼
**couteau**(m)
꾸또

프라이팬
**poêle**(f)
쁘왈르

작은 프라이팬
**sauteuse**(f)
쏘뜨즈

주전자
**bouilloire**(f)
부이으와흐

커피 밀, 커피 분쇄기
**moulin à café**(m)
물렝 아 꺄페

뒤집개
**spatule**(f)
스빠뛸르

국자
**louche**(f)
루슈

계량컵
**verre gradué**(m)
베흐 그하뒤에

소쿠리
**passoire**(f)
빠쓰와흐

볼, 사발
**bol**(m)
볼(르)

요리용 장갑
**manique**(f)
마니끄

▌'커피 필터'는 porte-filtre (m) [뽀흐뜨-필트흐], '오일 포트'는 récipient à huile (m) [헤씨삐엉 아 윌르]. '냄비' casserole [꺄쓰홀르]는 소스팬, 스튜 냄비를 가리키며 깊은 냄비도 포함됩니다.

상상하다
**imaginer**
이마쥐네

손잡이
**poignée**(f)
쁘와녜

뚜껑
**couvercle**(m)
꾸베흐끌

주방용 저울
**balance de cuisine**(f)
발렁쓰 드 뀌진느

마늘 으깨기
**presse-ail**(m)
프헤쓰-아이으

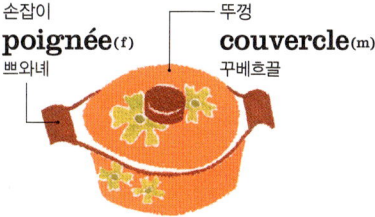

뚜껑이 있는 양수 냄비
**faitout**(m)
페뚜

냄비
**casserole**(f)
꺄쓰홀르

냄비 받침
**dessous-de-plat**(m)
드쑤-드-쁠라

와인 오프너
**tire-bouchon**(m)
띠흐-부쑝

요리용 타이머
**minuteur**(m)
미뉘뙤흐

거품기
**fouet**(m)
푸에

캐니스터, (커피 등의) 보관 용기
**pot à épice**(m)
뽀 아 에삐쓰

병따개
**décapsuleur**(m)
데꺕쓀뢰흐

빵틀
**moule**(m)
물르

강판
**râpe**(f)
합쁘

## Part 2

### 벼룩시장
# Acheter au marché aux puces 5
**벼룩시장에서 물건 사기 5: 그릇**

🔊 2-06

테이블 웨어
**vaisselle**(f)
베쎌르

컵
**tasse**(f)
따쓰

손잡이
**anse**(f)
엉쓰

컵받침
**soucoupe**(f)
쑤꿉쁘

카페오레 볼
**bol**(m)
볼(르)

찻잔
**tasse à thé**(f)
따쓰 아 떼

커피잔
**tasse à café**(f)
따쓰 아 까페

티폿
**théière**(f)
떼이예흐

피처
**pichet**(m)
삐쉐

접시
**assiette**(f)
아씨에뜨

버터 칼
**couteau à beurre**(m)
꾸또 아 뵈흐

달걀받침
**coquetier**(m)
꼬끄티에

버터 케이스
**beurrier**(m)
뵈히에

소금통
**salière**(f)
쌀리예흐

쟁반
**plateau**(m)
쁠라또

▎'밀크 피처' pot à lait (m) [뽀 따 레], '디캔터' carafe à décanter (f) [까하프 아 데껑떼], '소스폿' saucière (f) [쏘씨예흐]

결정하다
**décider**
데씨데

보내다
**envoyer**
엉브와이예

**1**

포장하다
**emballer**
엉발레

선물
**cadeau**(m)
까도

선물용 포장
**paquet cadeau**(m)
빠께 까도

**2**

놓다
**mettre**
메트흐

골판지 상자
**carton**(m)
꺄흐똥

상자
**boîte**(f)
브와뜨

**3**

묶다
**nouer**
누에

끈
**ficelle**(f)
피쎌르

접착 테이프
**ruban adhésif**(m)
휘벙 아데지프

**4**

운반하다
**transporter**
트헝쓰뽀흐떼

배달
**livraison**(f)
리브헤종

배송료
**frais de livraison**(m.pl.)
프헤 드 리브헤종

Part 2

일상회화
# Les mots de tous les jours
🔊 2-07

부르기/묻기　appeler/demander

부르다
**appeler**
아쁠레

실례합니다.
**Excusez-moi.**
엑쓰뀌제-므와

기다려요!
**Attendez!**
아떵데

저기요.
**Dites-moi...**
디뜨-므와

남성을 부를 때
**Monsieur**(m)
므씨으

여성을 부를 때
**Madame**(f)
마담(므)

젊은 여성을 부를 때
**Mademoiselle**(f)
맏므와젤(르)

▌상대가 젊은 여성일 때 사용합니다. 하지만 Madame [마담(므)]이 더 정중한 표현이므로 고급 호텔이나 레스토랑 등에서는 젊은 여성이라도 Madame으로 부를 수 있습니다.

괜찮아요?
**Ça va?**
싸 바

알겠어요?
**Vous comprenez?**
부 꽁프흐네

무슨 뜻이에요?
**Qu'est-ce que ça veut dire?**
께-스 끄 싸 브 디흐

무슨 일이세요?
**Qu'est-ce qui se passe?**
께-스 끼 쓰 빠쓰

묻다
**demander**
드멍데

# Part 3

## 패션과 뷰티
**Profiter de la mode et de la beauté**

작은 액세사리와 개성 있는 옷맵시로
자신만의 스타일을 자연스럽게 연출하는
파리 사람들을 만나볼까요?

Part 3

패션과 뷰티

# Acheter des vêtements
 3-01

옷 가게 가기

그냥 보는 거예요.
**Non merci.
Je veux juste regarder.**
농 멕씨 쥬 브 쥐스뜨 흐갸흐데

손님
**client(e)**
끌리엉(뜨)

도와드릴까요?
**Je peux vous aider?**
쥬 쁘 부 제데

영업 시간
**heures d'ouverture**(f.pl.)
외흐 두베흐뛰흐

영업 중
**ouvert(e)**
우베흐(뜨)

준비 중, 폐점
**fermé(e)**
페흐메

점원
**vendeur(se)**
벙되흐(드즈)

디스플레이, 장식
**décor**(m)
데꼬흐

색깔, 색상
**couleur**(f)
꿀뢰흐

빨강
**rouge**
후쥬

파랑
**bleu(e)**
블르

노랑
**jaune**
존(느)

하양
**blanc(he)**
블렁(슈)

검정
**noir(e)**
느와흐

분홍
**rose**
호즈

갈색
**marron**
마홍

초록
**vert(e)**
베흐(뜨)

■ 점원이 '뭐 필요하신가요?'라고 말하면, '둘러볼게요'라는 뜻으로 Je peux regarder? [쥬 쁘 흐갸흐데]라고 말하세요. 상점에 들어갈 때 인사하는 것 잊지 마세요!

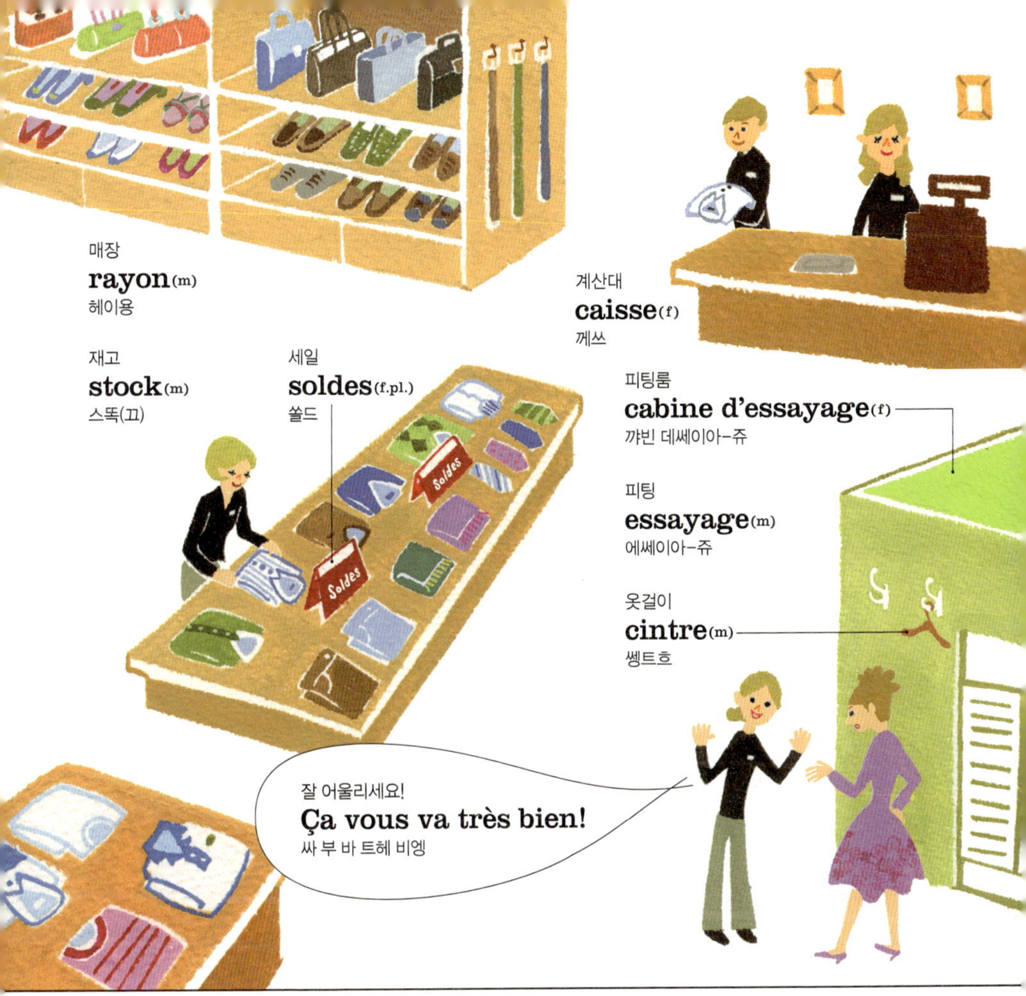
Soldes
Soldes
잘 어울리세요!
Ça vous va très bien!
싸 부 바 트헤 비엥

매장
**rayon**(m)
헤이용

재고
**stock**(m)
스똑(끄)

세일
**soldes**(f.pl.)
쏠드

계산대
**caisse**(f)
께쓰

피팅룸
**cabine d'essayage**(f)
꺄빈 데쎄이아-쥬

피팅
**essayage**(m)
에쎄이아-쥬

옷걸이
**cintre**(m)
쎙트흐

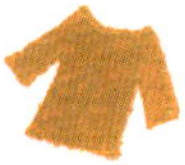

주황
**orange**
오헝-쥬

골드
**or**
오흐

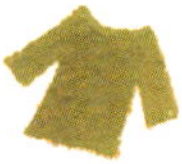

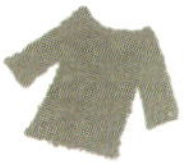

실버
**argent**
아흐졍

무늬
**motif**(m)
모띠프

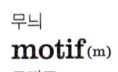

줄무늬
**à rayures**(f.pl.)
아 헤위흐

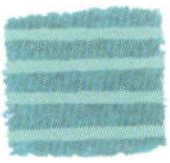

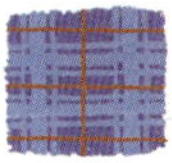
체크무늬
**à carreaux**(m.pl.)
아 꺄호

꽃무늬
**à fleurs**(f.pl.)
아 플뢰흐

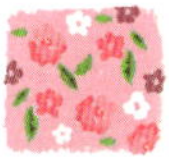

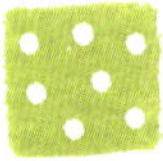

물방울무늬
**à pois**(m.pl.)
아 쁘와

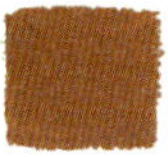

무지
**uni(e)**
위니

Part 3 패션과 뷰티

# Choisir des vêtements
옷 고르기
3-02

재킷
**veste**(f)
베스뜨

탱크톱
**débardeur**(m)
데바흐되흐

블라우스
**chemisier**(m)
슈미지에

트레이너
**sweat-shirt**(m)
스윗-셔흐트 또는 스웻-셔흐트

티셔츠
**T-shirt**(m)
띠-셔흐트

셔츠
**chemise**(f)
슈미즈

바지
**pantalon**(m)
빵딸롱

스커트
**jupe**(f)
쥡(쁘)

페티코트
**jupon**(m)
쥐뽕

숏팬츠
**short**(m)
쑈흐뜨

버뮤다팬츠
**bermuda**(m)
베흐뮤다

코트
**manteau**(m)
멍또

롱코트
**manteau long**(m)
멍또 롱

트랜치코트
**imperméable**(m)
엥뻬흐메아블(르)

가죽재킷
**veste en cuir**(f)
베스뜨 엉 뀌흐

가방
**sac**(m)
싹(끄)

신발
**chaussures**(f.pl.)
쇼쒸흐

펌프스
**escarpins**(m.pl.)
에쓰꺄흐뼁

핸드백
**sac à main**(m)
싹 까 멩

숄더백
**sac bandoulière**
싹(끄) 벙둘리에흐

▎'백팩'은 sac à dos (m) [싹 까 도],
'보스톤백'은 sac de voyages (m)
[싹 드 봐야-쥬]

발레 슈즈
**chaussons de danse**(m.pl.)
쇼쏭

부츠
**bottes**(f.pl.)
보뜨

▎'하이힐'은 talons hauts (m.pl.)
[딸롱 오], '스니커즈'는 chaussures
de sport (f.pl.) [쇼쒸흐 드 스뽀흐],
'샌들'은 sandales (f.pl.) [썽달르]

속옷
**sous-vêtement**(m)
쑤-베뜨멍

소품
**accessoire**(m)
악쎄쓰와흐

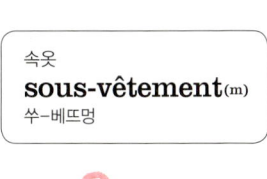

캐미솔
**caraco**(m)
꺄하꼬

손목시계
**montre**(f)
몽트흐

장갑
**gants**(m.pl.)
겅

브래지어
**soutien-gorge**(m)
쑤띠엥-고흐쥬

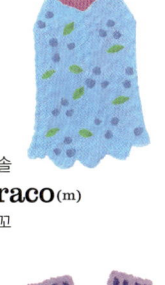

양말
**chaussettes**(f.pl.)
쇼쎄뜨

▎'스타킹, 타이즈' collant (m) [꼴렁]

속바지, 팬티
**culotte**(f)
뀔로뜨

우산
**parapluie**(m)
빠하쁠뤼

# S'habiller / Se déshabiller
패션과 뷰티
옷 입고 벗기

셔츠를 입다
**mettre sa chemise**
메트흐 싸 슈미즈

### 1
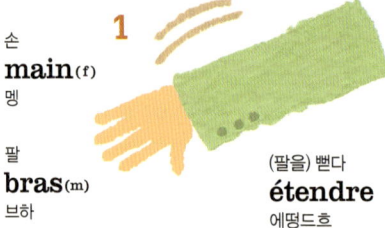

손
**main**(f)
멩

팔
**bras**(m)
브하

(팔을) 뻗다
**étendre**
에떵드흐

### 2

팔꿈치
**coude**(m)
꾸드

(팔을) 굽히다
**plier**
쁠리에

### 3

단추
**bouton**(m)
부똥

단추 구멍
**boutonnière**(f)
부또니예흐

(단추를) 잠그다
**boutonner**
부또네

### 4, 5
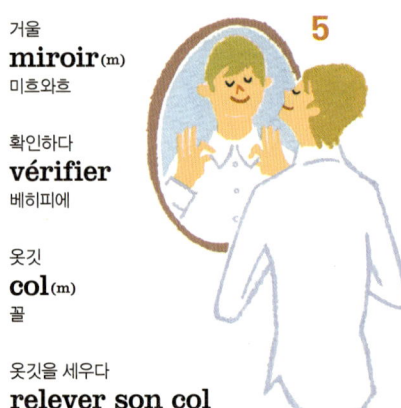

(옷)단, 아래쪽
**bas**(m)
바

셔츠 자락을 바지에 넣다
**entrer le bas de sa chemise dans son pantalon**
엉트헤 르 바 드 싸 슈미즈 덩 쏭 뻥딸롱

셔츠 자락을 빼다
**sortir sa chemise du pantalon**
쏘흐띠흐 싸 슈미즈 뒤 뻥딸롱

거울
**miroir**(m)
미흐와흐

확인하다
**vérifier**
베히피에

옷깃
**col**(m)
꼴

옷깃을 세우다
**relever son col**
흘르베 쏭 꼴

바지를 입다
**mettre son pantalon**
메트흐 쏭 뺑딸롱

바지
**pantalon**(m)
뺑딸롱

다리
**jambe**(f)
정브

바지를 올리다
**remonter son pantalon**
흐몽떼 쏭 뺑딸롱

▎'바지를 내리다'는 baisser son pantalon [베쎄 쏭 뺑딸롱]

허리
**hanche**(f)
엉슈

지퍼
**fermeture éclair**(f)
페흐므뛰흐 에끌레흐

지퍼를 닫다
**fermer sa fermeture éclair**
페흐메 싸 페흐므뛰흐 에끌레흐

벨트
**ceinture**(f)
쌩뛰흐

버클
**boucle de ceinture**(f)
부끌 드 쌩뛰흐

벨트를 매다
**boucler sa ceinture**
부끌레 싸 쌩뛰흐

벗다
**se déshabiller**
쓰 데자비에

내리다
**descendre**
데썽드흐

똑딱단추
**bouton-pression**(m)
부똥-프헤씨옹

(단추를) 풀다
**déboutonner**
데부또네

신을 신다
**mettre ses chaussures**
메트흐 쎄 쇼쒸흐

끈
**lacet**(m)
라쎄

신발 끈을 묶다
**serrer ses lacets**
쎄헤 쎄 라쎄

▎'신발 끈을 풀다'는 délacer ses chaussures [데라쎄 쎄 쇼쒸흐] 또는 dénouer des lacets [데누에 데 라쎄]

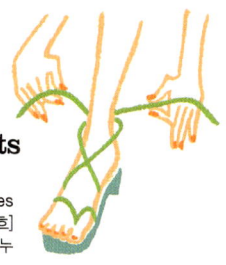

# Part 3 패션과 뷰티
# Essayer des vêtements
입어 보기  3-04

소매
**manches** (f.pl.)
멍슈

민소매
**sans manche**
썽 멍슈

긴소매
**manches longues** (f.pl.)
멍슈 롱그

반소매
**manches courtes** (f.pl.)
멍슈 꾸흐뜨

길이
**longueur** (f)
롱괴흐

7부
**mi-mollet**
미-몰레

■ '반기장'은 à hauteur de genoux [아 오뙤흐 드 쥬누]

긴
**long(ue)**
롱(그)

짧은
**court(e)**
꾸흐(뜨)

폭
**largeur** (f)
라흐죄흐

넓은
**large**
라흐쥬

좁은
**étroit(e)**
에트화(뜨)

실루엣
**silhouette** (f)
씰루에뜨

딱 붙는
**cintré(e)**
쌩트헤

넓게 퍼진, 나팔 모양의
**évasé(e)**
에바제

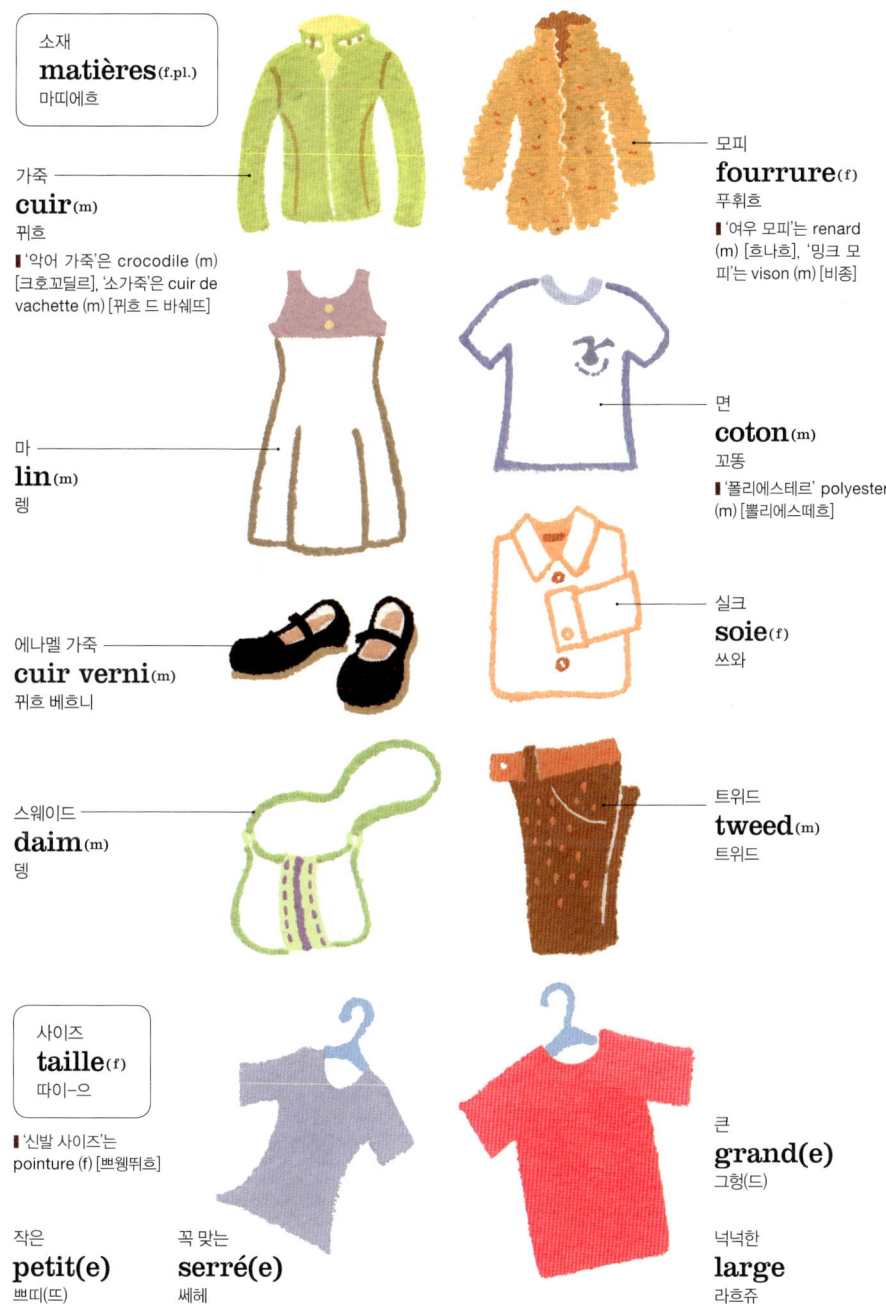

## 패션과 뷰티
# Aller à l'institut de beauté
피부관리샵 가기  3-05

BGM
**musique d'ambiance**(f)
뮈지끄 덩비엉쓰

휴식
**relaxation**(f)
흘락싸씨옹

시트
**drap**(m)
드하

침대
**lit**(m)
리

베개
**oreiller**(m)
오헤이예

피부 미용사
**esthéticien(ne)**
에스떼띠씨엥(엔느)

기분 좋다
**Je me sens bien**
쥬 므 썽 비엥

잠들다
**s'endormir**
썽도흐미흐

자다
**dormir**
도흐미흐

목욕 가운
**peignoir**(m)
뻬뉴와흐

마사지
**massage**(m)
마싸-쥬

코스
**forfait**(m)
포흐페

옵션
**option**(f)
옵씨옹

연장
**prolongation**(f)
프홀롱갸씨옹

오일
**huile**(f)
윌르

요금
**tarif**(m)
따히프

( )분
**( ) minutes**
( ) 미뉘뜨

■괄호 안에 숫자를 넣어 말하세요. 숫자 표현 ▶p.152

70

얼굴
**visage**(m)
비자-쥬

건조한
**sec(èche)**
쎅(쎄슈)

■ '건성 피부'는 peau sèche [뽀 쎄슈],
'민감성 피부'는 peau sensible [뽀 썽씨블르]

촉촉한
**hydraté(e)**
이드하떼

기름기 있는
**gras(se)**
그하(쓰)

피부결
**grain de la peau**(m)
그헹 들 라 뽀

여드름
**acné**(f)
아크네

칙칙한
**terne**
떼흐느

모공
**pore**(m)
뽀흐

뾰루지
**bouton**(m)
부똥

주름
**rides**(f.pl.)
히드

기미
**taches**(f.pl.)
따슈

다크서클
**cernes**(f.pl.)
쎄흐느

피부 발진
**allergie dermatologique**(f)
알레흐쥐 데흐마똘로쥐끄

몸
**corps**(m)
꼬흐

제모
**épilation**(f)
에삘라씨옹

■ '체모'는 poils(m.pl.) [쁘왈]

슬리밍
**amincissement**(m)
아멩씨쓰멍

■ '탄력'은 fermeté (f) [페흐므떼]
신체 부위 표현 ▶p.150

지방
**graisse**(f)
그헤쓰

셀룰라이트
**cellulite**(f)
쎌룰리뜨

## 패션과 뷰티
# Aller au salon de coiffure
미용실 가기

3-06

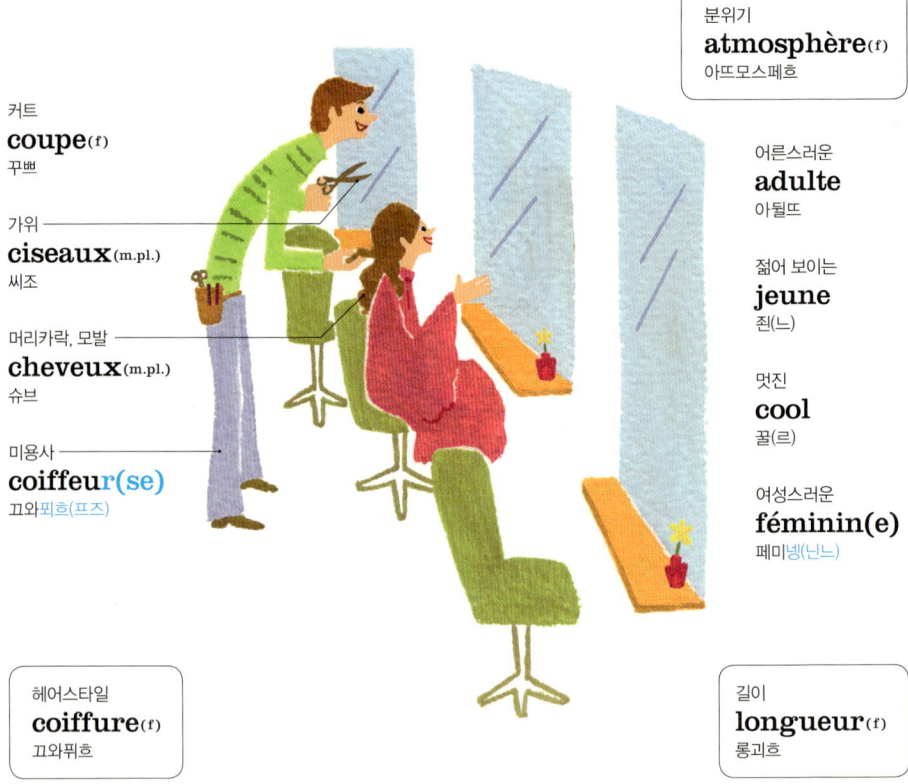

분위기
**atmosphère**(f)
아뜨모스페흐

커트
**coupe**(f)
꾸쁘

어른스러운
**adulte**
아뒬뜨

가위
**ciseaux**(m.pl.)
씨조

젊어 보이는
**jeune**
죈(느)

머리카락, 모발
**cheveux**(m.pl.)
슈브

멋진
**cool**
꿀(르)

미용사
**coiffeur(se)**
꼬와푀흐(프즈)

여성스러운
**féminin(e)**
페미넹(닌느)

헤어스타일
**coiffure**(f)
꼬와퓌흐

길이
**longueur**(f)
롱괴흐

긴 단발
**cheveux mi-longs**
슈브 미-롱

긴
**long**
롱

긴 머리
**cheveux longs**
슈브 롱

짧은
**court**
꾸흐

짧은 머리
**cheveux courts**
슈브 꾸흐

조금
**un peu**
앙 쁘

앞의
**devant**
드벙

뒤의
**derrière**
데히에흐

옆의
**côté**
꼬떼

앞머리
**frange**(f)
프헝쥬

귀밑털
**favoris**(m.pl.)
파보히

목덜미
**nuque**(f)
뉘끄

---

모질
**type de cheveux**(m)
띱 드 슈브

스트레이트
**droit(e)**
드화(뜨)

곱슬머리
**ondulé(e)**
옹뒬레

굵은
**épais(se)**
에뻬(쓰)

가는
**fin(e)**
펭(핀느)

(머리카락이) 곧은
**plat(e)**
쁠라(뜨)

부드러운
**doux(ce)**
두(쓰)

상한
**abîmé(e)**
아비메

염색하다
**colorer**
꼴로헤

색
**couleur**(f)
꿀뢰흐

▌'색 견본'은 échantillons de couleurs (m.pl.) [에쌍띠용 드 꿀뢰흐]

밝은
**clair(e)**
끌레흐

어두운
**foncé(e)**
퐁쎄

볼륨
**volume**(f)
볼륌(므)

가볍게
**lég**er(ère)
레줴(흐)

무겁게
**lourd(e)**
루흐(드)

# Choisir des produits de beauté

패션과 뷰티
화장품·일용품 고르기

🔊 3-07

팩
**masque**(m)
마스끄

마스카라
**mascara**(m)
마스꺄하

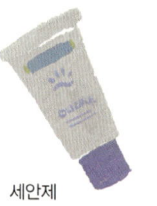
세안제
**nettoyant**(m)
네뜨와이엉

메니큐어
**verni à ongles**(m)
베흐니 아 옹글르

화장수
**lotion**(f)
로씨옹

메이크업베이스
**base**(f)
바즈

리무버
**dissolvant**(m)
디쏠벙

아이섀도
**fard à paupières**(m)
파흐 아 뽀삐에흐

유액
**lait**(m)
레

페이스파우더
**poudre**(f)
뿌드흐

클렌징
**démaquillant**(m)
데마끼영

향수
**parfum**(m)
빠흐팡

■ 향수의 농도가 짙은 순으로 parfum (m), eau de parfum (f) [오 드 빠흐팡], eau de toilette (f) [오 드 뜨왈레뜨], eau de Cologne (f) [오 드 꼴론뉴]라고 부릅니다. parfum [빠흐팡]은 '향기'라는 뜻으로도 씁니다.

립스틱
**rouge à lèvres**(m)
후쥬 아 레브흐

블러셔
**fard à joues**(m)
파흐 아 쥬

파운데이션
**fond de teint**(m)
퐁 드 땡

■ 제목의 produits de beauté [프호뒤 드 보떼]는 화장품, 미용 용품을 가리킵니다. 일용품은 articles d'usage courant (m,pl.) [아흐띠끌 뒤자-쥬 꾸헝]이라고 해요.

판매원
**vendeur(se)**
벙되흐(드즈)

외국제
**produit étranger**(m)
프호뒤 에트헝줴

브랜드
**marque**(f)
마흐끄

프랑스제
**produit français**(m)
프호뒤 프헝쎄

한정의
**limité(e)**
리미떼

찾다
**chercher**
쉐흐쉐

망설이다
**hésiter**
에지떼

테스터
**échantillon**(m)
에썅띠용

치약
**dentifrice**(m)
덩띠프히쓰

칫솔
**brosse à dents**(f)
브호쓰 아 덩

립밤
**baume à lèvres**(m)
봄(므) 아 레브흐

샴푸
**shampoing**(m)
셩쁘웽

바디클렌저
**gel douche**(m)
젤 두슈

탐폰
**tampon**(m)
떵뽕

생리대
**serviette hygiénique**(f)
쎄흐비에뜨 이쥐에니끄

린스
**après-shampoing**(m)
아프헤셩쁘웽

선크림
**crème solaire**(f)
크헴 쏠레흐

비누
**savon**(m)
싸봉

콘돔
**préservatif**(m)
프헤제흐바띠프

입욕제
**huile de bain**(f)
윌 드 벵

75

알겠어요. 이해합니다.
**Je comprends.**
쥬 꽁프헝

OK! 알았어!
**D'accord!**
다꼬흐

동의합니다.
**Je suis d'accord.**
쥬 쒸 다꼬흐

알겠습니다.
**Entendu!**
엉떵뒤

모릅니다.
**Je ne sais pas.**
쥬 느 쎄 빠

저는 전혀 모릅니다.
**Je ne sais pas du tout.**
쥬 느 쎄 빠 뒤 뚜

아니요, 괜찮습니다.
**Non, merci.**
농, 멕씨

▌'이해가 되지 않아요, 모르겠어요'라는 말은 Je ne comprends pas [쥬 느 꽁프헝 빠]라고 하세요.

그렇게 생각하지 않습니다.
**Je ne crois pas.**
쥬 느 크화 빠

말도 안 돼요!(아니에요!)
**Ah non!**
아 농

잘못 생각하셨어요.
**Vous vous êtes trompé(e).**
부 부 제뜨 트홍뻬

그게 아니에요.
**Ce n'est pas ça!**
스 네 빠 싸

# Part 4

# 문화 즐기기
**Au contact de la culture**

거리 곳곳에서 묻어나는 예술의 향기를
느끼며 마음의 풍요로움을 만끽해보세요.

## 문화 즐기기
# Aller au musée
미술관 가기

🔊 4-01

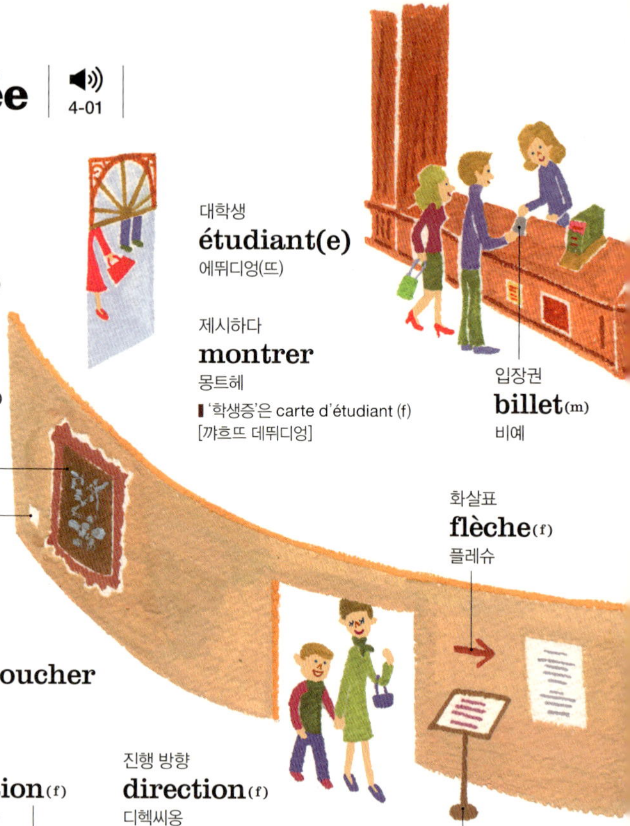

전시회
**exposition**(f)
엑쓰뽀지씨옹

입구
**entrée**(f)
엉트헤

대학생
**étudiant(e)**
에뛰디엉(뜨)

입장료
**tarif**(m)
따히프
▌'어른'은 adulte [아뒬뜨], '어린이'는 enfant [엉펑]

작품
**œuvre**(f)
외브흐

제시하다
**montrer**
몽트헤
▌'학생증'은 carte d'étudiant (f) [꺄흐뜨 데뛰디엉]

입장권
**billet**(m)
비예

개관
**ouverture**(f)
우베흐뛰흐

화살표
**flèche**(f)
플레슈

폐관
**fermeture**(f)
페흐므뛰흐

손대지 마세요.
**ne pas toucher**
느 빠 뚜쉐

회화
**peinture**(f)
뻥뛰흐

설명
**explication**(f)
엑쓰쁠리까씨옹

진행 방향
**direction**(f)
디헥씨옹

액자
**cadre**(m)
까드흐

큐레이터
**conservateur(rice)**
꽁쎄흐바뙤흐(트히쓰)

표시판, 안내판
**panneau**(m)
빠노

미술품
**œuvre d'art**(f)
외브흐 다흐

오브제
**objet d'art**(m)
오브제 다흐

금연
**interdit de fumer**
엥떼흐디 드 퓌메

조각
**sculpture**(f)
스뀔뛰흐

## 문화 즐기기
# Voir un film
4-02
영화 보기

코미디
**comédie**(f)
꼬메디

러브스토리
**histoire d'amour**(f)
이스뜨와흐 다무흐

액션
**action**(f)
악씨옹

공포 영화
**film d'horreur**(m)
필므 도회흐

애니메이션
**dessin-animé**(m)
데쌩-아니메

감독
**réalisateur(rice)**
헤알리자뙤흐(트히쓰)

의상
**costume**(m)
꼬스뜜

캐스팅
**casting**(m)
꺄스띵(그)

대본
**scénario**(m)
쎄나히오

입장
**entrée**(f)
엉트헤

개봉
**sortie**(f)
소흐띠

상영
**séance**(f)
쎄엉쓰

멋진
**excellent(e)**
엑쎌렁(뜨)

좋은
**bien**
비엥

나쁘지 않은
**pas mal**
빠 말

좋지 않은
**pas bien**
빠 비엥

극장 안
**salle**(f)
쌀르

스크린
**écran**(m)
에크헝

막
**rideau**(m)
히도

대사
**dialogue**(m)
디알로그

자막
**sous-titres**(m.pl.)
쑤-띠트흐

비상구
**sortie de secours**(f)
쏘흐띠 드 스꾸흐

전방의, 앞쪽의
**devant**
드벙

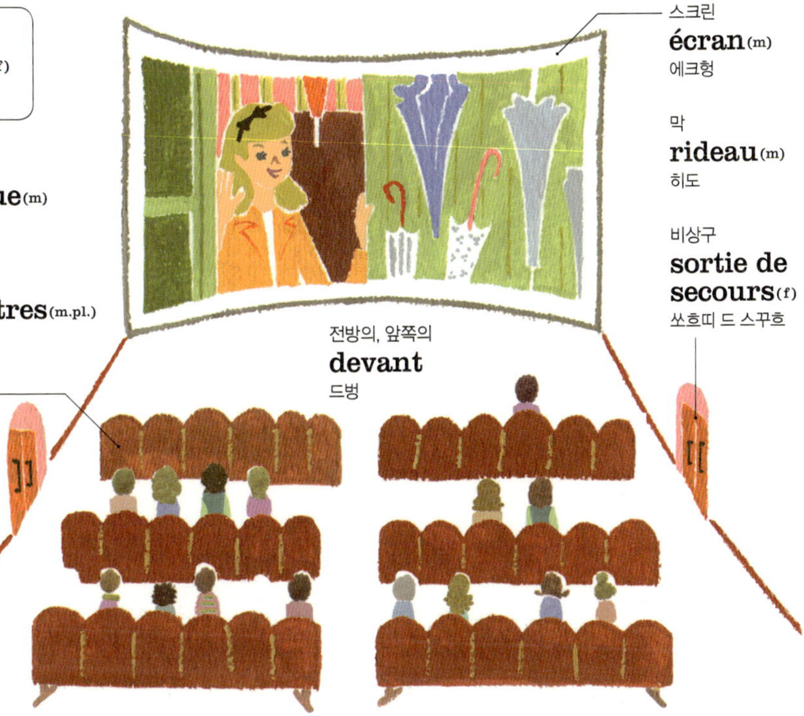

좌석
**place**(f)
쁠라쓰

열, 줄
**file**(f)
필

왼쪽
**côté gauche**(m)
꼬떼 고슈

뒤쪽의
**derrière**
데히에흐

오른쪽
**côté droit**(m)
꼬떼 드화

다음 회
**prochaine séance**(f)
프호셴느 쎄엉쓰

주인공
**personnage principal**(m)
뻬흐쏘나-쥬 프헹씨빨

배우
**acteur**(m)
악뙤흐

영화 예고
**bande d'annonce**(f)
벙드 다농쓰

---

형편없는
**nul(le)**
뉠(르)

재미있는
**amusant(e)**
아뮈정(뜨)

지루한
**ennuyeux(se)**
엉뉘이으(즈)

슬픈
**triste**
트히스뜨

Part 4
문화 즐기기
# Faire les bouquinistes
🔊 4-03
고서점 구경하기

고서점
**bouquiniste**(m)
부끼니스뜨

책
**livre**(m)
리브흐

헌책
**livre d'occasion**(m)
리브흐 도까지옹

전문
**spécialité**(f)
스뻬씨알리떼

■ 포스터, 지도, 오래된 영화, 잡지 등 부키니스트는 각 서점마다 전문 분야를 갖고 있습니다.

분야
**domaine**(m)
도멘느

미술
**beaux-arts**(m.pl.)
보-자흐

그림책
**livre d'enfant**(m)
리브흐 덩펑

연극
**théâtre**(m)
떼아트흐

디자인
**design**(m)
디자인(느)

판화
**gravure**(f)
그하뷔흐

■ 부키니스트에서는 판화나 오래된 지도를 팔기도 하고, '엽서' carte postale (f) [꺄흐뜨 뽀스딸(르)]도 팝니다.

■ 부키니스트란 센 강 강변에 있는 노점 같은 책방을 말하는데요. 책을 속어로 bouquin (m) [부껭]이라고 부르는 데서 유래했습니다.

센 강변
**au bord de la Seine**
오 보흐 들 라 쎈느

센 강
**la Seine**(f)
라 쎈느

아저씨
**vieux monsieur**
비으 므씨으

패션
**mode**(f)
모드

지도
**plan**(m)
쁠렁

무대
**scène**(f)
쎈느

포스터
**affiche**(f)
아피슈

도서관
**bibliothèque**(f)
비블리오떼끄

교수
**professeur**
프호페쐬흐

학생
**étudiant(e)**
에뛰디엉(뜨)

사서
**bibliothécaire**
비블리오떼께흐

연구
**recherche**(f)
흐쉐흐쓔

공부
**études**(f.pl.)
에뛰드

대출 중
**indisponible**
엥디스뽀니블르

사다리
**échelle**(f)
에쎌르

열람실
**salle de consultation**(f)
쌀 드 꽁쒤따씨옹

빌리다
**emprunter**
엉프항떼

책장
**bibliothèque**(f)
비블리오떼끄

문학
**littérature**(f)
리떼하뛰흐

제목
**titre**(m)
띠트흐

저자
**auteur**(m)
오뙤흐

실용서
**livre pratique**(m)
리브흐 프하띠끄

표지
**couverture**(f)
꾸베흐뛰흐

잡지
**magazine**(m)
마갸진느

출판사
**maison d'édition**(f)
메종 데디씨옹

에세이
**essai**(m)
에쎄

페이지
**page**(f)
빠-쥬

# Profiter des loisirs

문화 즐기기 · 취미 생활

꽃집
**fleuriste**
플로히스뜨

꽃
**fleur** (f)
플뢰흐

식물
**plante** (f)
쁠렁뜨

화분
**pot** (m)
뽀

꽃 시장
**marché aux fleurs** (m)
마흐쉐 오 플뢰흐

꽃 장식, 꽃꽂이
**art floral** (m)
아흐 플로할

구성
**composition** (f)
꽁뽀지씨옹

꽃을 장식하다
**mettre des fleurs**
메트흐 데 플뢰흐

색 구성
**composition de couleurs** (f)
꽁뽀지씨옹 드 꿀뢰흐

꽃병
**vase** (m)
바즈

꽃다발
**bouquet de fleurs** (m)
부께 드 플뢰흐

리스
**couronne** (f)
꾸혼느

드라이플라워
**fleurs séchées** (f.pl.)
플뢰흐 쎄쉐

화려한, 화사한
**splendide**
스쁠렁디드

시크한
**chic**
쉭(끄)

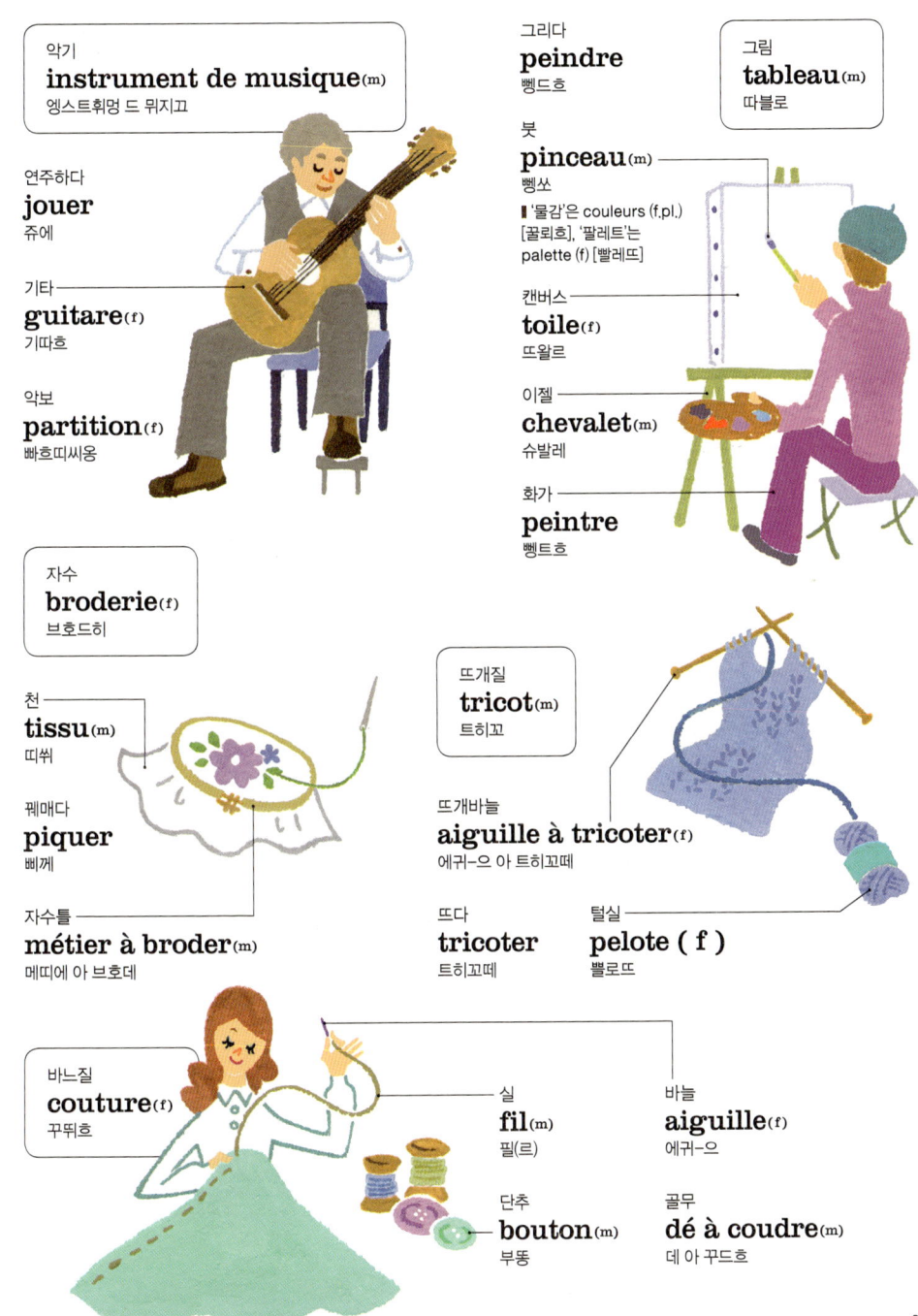

행운을 빌어!
**Bonne chance!**
본(느) 셩쓰

몸조리 잘하세요!
**Soignez-vous bien!**
쓰와녜-부 비엥

기운 내!
**Remettez-vous bien!**
흐메떼-부 비엥

힘 내!
**Bon courage!**
봉 꾸하-쥬

딱하다!
**Le (La) pauvre!**
르 (라) 뽀브흐

■ 상대방이 남성일 때는 Le [르], 여성일 때는 La [라]를 쓰세요.

할 수 없지!
**Tant pis!**
떵 삐

아쉽다!
**Dommage!**
도마-쥬

뛰다
**courir**
꾸히흐

도둑이야!
**Voleur!**
볼뢰흐

■ 주위 사람들에게 도둑이라고 알릴 때 말하는 '도둑이에요!'는 Au voleur [오 볼뢰흐]

( )를 도둑맞았어요.
**On m'a volé ( )**
옹 마 볼레 ( )

쉿!
**Chut!**
쉿(트)

조용히 해!
**Taisez-vous!**
떼제-부

■ '소리 내지 마!'는 Ne faites pas de bruit! [느 페뜨 빠 드 브휘]

## Part 5

# 음식 즐기기
**Apprécier la gastronomie**

파리의 일상에서 빵집, 카페, 시장을 빼놓을 수 없죠. 때로는 레스토랑에서 본격 프랑스 요리를 맛보는 것도 좋아요.

음식 즐기기
# Aller au café
🔊 5-01

카페 가기

간판
**enseigne**(f)
엉쎄뉴

카페
**café**(m)
꺄페

파라솔
**parasol**(m)
빠하쏠

테라스 자리
**terrasse**(f)
떼하쓰

쓰다
**écrire**
에크히흐

만남의 약속
**rendez-vous**(m)
헝데-부

▪ 만나기로 약속한 상대가 온 뒤에 주문을 하고 싶다면, 웨이터가 왔을 때 '일행을 기다리고 있어요'라는 뜻으로 J'attends quelqu'un [자떵 껠깡]이라고 말하세요.

편지
**lettre**(f)
레트흐

계산서, 식사 비용
**addition**(f)
아디씨옹

**1** 신호하다
**faire signe**
페흐 씬뉴

▪ 계산을 부탁할 때는 웨이터를 불러도 되지만 손을 들어 뭔가를 쓰는 제스처를 하면 됩니다.

시늉을 하다
**imiter**
이미떼

**2**

확인
**vérification**(f)
베히피꺄씨옹

▪ 웨이터가 접시와 함께 영수증을 가지고 오면 주문 내용이 맞는지 확인하고 접시에 돈이나 카드를 올려놓습니다.

**3** 지불하다
**payer**
뻬이예

▪ '서비스 요금' service (m) [쎄흐비쓰]나 '세금' TVA (f) [떼베아]는 식사 금액에 포함되어 있습니다.

영수증
**facture**(f)
팍뛰흐

커튼
**rideau**(m)
히도

소파
**canapé**(m)
꺄나뻬

단골손님
**habitué(e)**
아비뛰에

웨이터
**garçon**(m)
갸흐쏭

벤치 자리
**banquette**(f)
벙께뜨

카페라떼
**café crème**(m)
꺄페 크헴(므)

커피
**café**(m)
꺄페

차
**thé**(m)
떼

코스터, 컵받침
**sous-verre**(m)
쑤-베흐

오렌지주스
**jus d'orange**(m)
쥐 도헝-쥬

허브티
**infusion**(f)
엥퓌지옹

카운터
**comptoir**(m)
꽁뜨와흐

**4** 찢다
**déchirer**
데쒸헤

■ 거스름돈이 있을 때는 웨이터가 다시 가져다 줍니다. 모든 계산이 끝나면 웨이터는 손님이 보는 자리에서 영수증을 찢습니다.

합계
**total**(m)
또딸(르)

**5** 떠나다
**partir**
빠흐띠흐

■ 팁을 건네고 싶은 경우는 작은 접시에 동전을 남겨 ('남기다' laisser [레쎄]) 두면 됩니다.

거스름돈
**monnaie**(f)
모네

팁
**pourboire**(m)
뿌흐브와흐

고맙습니다.
**Merci.**
멕씨

## 음식 즐기기
# Aller à la boulangerie
5-02
빵집 가기

빵
**pain**(m)
뼁

바게트
**baguette**(f)
바게뜨

▌바게트에는 '막대 모양'이라는 뜻이 있습니다. 반만 필요할 때는 une demi-baguette [윈 드 미-바게뜨]라고 부탁해 보세요.

바삭바삭
**croustillant(e)**
크후스띠엉(뜨)

딱딱한
**dur(e)**
뒤흐

폭신폭신
**moelleux(se)**
므왈르(즈)

부드러운
**mou(lle)**
무(물르)

껍질
**croûte**(f)
크후뜨

짧은 바게트
**bâtard**(m)
바따흐

속
**mie**(f)
미

가늘고 긴 바게트
**ficelle**(f)
피쎌르

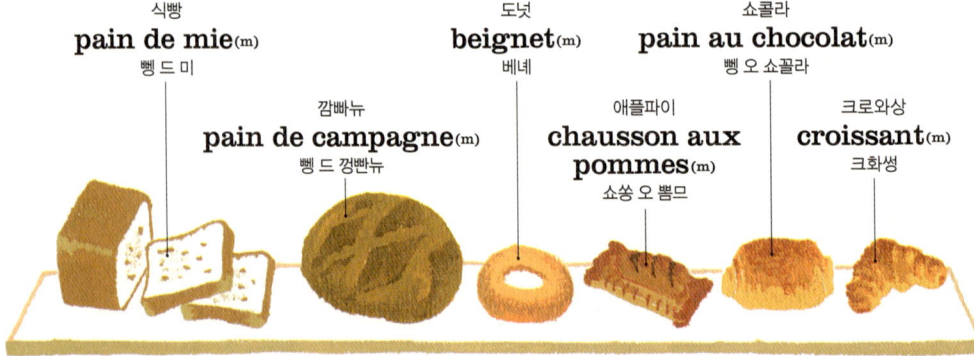

식빵
**pain de mie**(m)
뼁 드 미

깜빠뉴
**pain de campagne**(m)
뼁 드 껑빤뉴

도넛
**beignet**(m)
베녜

애플파이
**chausson aux pommes**(m)
쇼쏭 오 뽐므

쇼콜라
**pain au chocolat**(m)
뼁 오 쇼꼴라

크로와상
**croissant**(m)
크화썽

▌깜빠뉴 같은 빵을 얇게 썰어 달라고 할 때는 '얇게 잘라주세요' Tranchez, s'il vous plaît! [트헝쉐, 실 부 쁠레]라고 말하세요.

음식 즐기기
# Aller au restaurant
🔊 5-03
레스토랑 가기

레스토랑
**restaurant**(m)
헤스또헝
- 점심에는 12시~2시 반 정도, 저녁에는 7시~11시 정도까지 문을 엽니다. 저녁 8시가 넘어서부터는 사람들이 많아져요.

선술집
**brasserie**(f)
브하쓰히
- 커피와 맥주를 모두 마실 수 있고 식사도 할 수 있는, 비교적 밤 늦게까지 운영하는 식당을 말합니다. 옛날에는 맥주 양조장이었는데, 현재는 일종의 선술집으로 간단한 음식과 음료, 술을 마실 수 있는 곳입니다. 레스토랑보다 캐주얼한 음식점은 bistrot (m) [비스트호]라고 합니다.

크레이프 가게
**crêperie**(f)
크헤프히
- 브르따뉴 지방에서 유래한 음식으로 얇게 구운 팬케이크의 일종입니다. 흔히 밀가루로 만든 단 크레이프와 메밀가루로 만든 짭짤한 크레이프가 있습니다. 브르따뉴에서는 짭짤한 크레이프를 '갈레트' galette (f) [갈레뜨]라고 부릅니다.

[ 레스토랑 종류 ]

카페
**café**(m)
까페
- 카페에서 커피 한 잔을 마시며 몇 시간씩 있어도 눈치 보지 않는 게 프랑스 문화예요.

찻집
**salon de thé**(m)
쌀롱 드 떼
- '영국식 홍차' thé anglais (m) [떼 엉글레]나 '허브티' infusion (f) [엥퓌지옹] 등 종류가 다양합니다.

패스트푸드
**restauration rapide**(f)
헤스또하씨옹 하삐드
- 맥도널드 같은 패스트푸드점이나 파니니, 그리스식 케밥 등 가벼운 식사를 할 수 있는 가게를 총칭하는 말입니다.

예약
**réservation**(f)
헤제흐바씨옹

이름
**nom**(m)
농

좌석
**place**(f)
쁠라쓰

테라스
**terrasse**(f)
떼하쓰

예약하다
**réserver**
헤제흐베

몇 분이십니까?
**Vous êtes combien?**
부 제뜨 꽁비엥

인원수
**nombre de personne**(m)
농브흐 드 뻬흐쏜느

전화
**téléphone**(m)
뗄레폰느

- '계산서 부탁합니다, 계산할게요'는 L'addition, s'il vous plaît [라디씨옹, 씰 부 쁠레]. 프랑스에서는 카드로 계산하는 경우 기계에 비밀번호를 입력해야 합니다.

레스토랑
**restaurant**(m)
헤스또헝

안내하다
**faire entrer**
페흐 엉트헤

고급(의), 상류의
**huppé(e)**
위뻬

따라가다
**suivre**
쒸브흐

캐주얼한
**décontracté(e)**
데꽁트학떼

드레스코드
**tenue exigée**(f)
뜨뉘 엑지줴

들어가다
**entrer**
엉트헤

라벨
**étiquette**(f)
에띠껫(뜨)

■ 미슐랭 같은 가이드 북에 실린 식당은 그것을 나타내는 라벨이 입구에 붙어 있습니다.

여성 우선
**priorité aux dames**(f)
프히오히떼 오 담므

자리에 앉다
**s'asseoir**
싸쓰와흐

주문
**commande**(f)
꼬멍드

추천
**suggestion**(f)
쒹줴스띠옹

묻다
**demander**
드멍데

권하다, 추천하다
**suggérer**
쒹줴헤

계산
**règlement**(m)
헤글르멍

신용카드
**carte de crédit**(f)
꺄흐뜨 드 크헤디

팁
**pourboire**(m)
뿌흐브와흐

현금
**espèce**(f)
에스뻬쓰

지불하다
**payer**
뻬이예

97

## 음식 즐기기
# Manger au restaurant
레스토랑에서 먹기

5-04

점심, 중식
**déjeuner**(m)
데죄네

저녁, 석식
**dîner**(m)
디네

흡연자
**fumeur**
퓌뫼흐

비흡연자
**non-fumeur**
농-퓌뫼흐

▎프랑스는 2007년 2월부터 금연령이 시행되어 공공시설에서는 흡연할 수 없습니다. '금연 구역'은 coin non-fumeur [꼬웽 농-퓌뫼흐]

(식탁용) 나이프, 포크류
**couverts**(m.pl.)
꾸베흐

▎'티스푼'은 cuillère à café (f) [뀌예흐 아 꺄페]

소금
**sel**(m)
쎌

후추
**poivre**(m)
쁘와브흐

설탕
**sucre**(m)
쉬크흐

의자
**chaise**(f)
셰즈

테이블
**table**(f)
따블르

저기요!
**Excusez-moi!**
엑쓰뀌제-므와

맛있다!
**C'est bon!**
쎄 봉

포크
**fourchette**(f)
푸흐쉐뜨

글래스
**verre**(m)
베흐

나이프
**couteau**(m)
꾸또

접시
**assiette**(f)
아씨에뜨

스푼
**cuillère**(f)
뀌예흐

# Connaître les plats 1

Part 5 음식 즐기기
메뉴 알기 1 : 메뉴판

🔊 5-05

메뉴의 구성 및 보는 법
## Comment bien lire une carte
꼬멍 비엥 리흐 윈느 꺄흐뜨

▌식사 순서는 일반적으로, 식전 주 → 전채 → 생선 요리 → 고기 요리 → 치즈 → 디저트 → 식후 주 → 커피입니다. 일반적인 코스 메뉴에서는 고기 요리나 생선 요리 중 선택하는 것이 대부분입니다.

주요리
**plat**(m)
쁠라

▌plat de résistance (m) [쁠라 드 헤지쓰떵쓰]라고도 합니다.

오늘의 요리
**plat du jour**(m)
쁠라 뒤 쥬흐

이 식당의 명물 요리
**spécialité maison**(f)
스뻬씨알리떼 메종

전채
**entrée**(f)
엉트헤

생선
**poisson**(m)
쁘와쏭

고기(육류)
**viande**(f)
비엉드

~를 곁들인
**accompagné(e)~**
아꽁빠녜

~로 맛을 낸
**assaisonné(e)~**
아쎄조네

~ 풍의
**à la~**
알 라

가열하지 않은
**cru(e)**
크휘

계절의
**de saison**(f)
쎄종

그 식당에서 만든, (식당) 특제의
**maison**
메종

코스 메뉴
**menu**(m)
므뉘
▌formule (f) [포흐뮬르]라고도 합니다. 메뉴 옆에 au choix [오 슈와]라고 되어 있으면, 전채, 메인, 디저트를 몇 가지 선택지에서 고릅니다.

디저트
**dessert**(m)
데쎄흐
▌코스 메뉴에 포함되지 않아도 식후에는 대체로 '디저트 드시겠습니까?'라는 의미로 Voulez-vous un dessert? [불레-부 앙 데쎄흐]라고 묻습니다.

케이크
**gâteau**(m)
가또

아이스크림
**glace**(f)
글라쓰

메뉴판
**carte**(f)
꺄흐뜨

요리
**cuisine**(f)
뀌진느

요리 이름
**nom de plat**(m)
농 드 쁠라

음료
**boisson**(f)
브와쏭

식전주
**apéritif**(m)
아뻬히띠프

식후주
**digestif**(m)
디줴스띠프

무알콜
**sans alcool**
썽 잘꼴르

양
**quantité**(f)
껑띠떼

적은
**peu**
쁘

많은
**beaucoup**
보꾸

( )인분
**pour ( ) personne(s)**
뿌흐 ( ) 뻬흐쏜느
▌숫자 표현 ▶p.152

Part 5

음식 즐기기
# Connaître les plats 2  🔊 5-06
메뉴 알기 2 : 전체·주요리·와인

**전채**
**entrée**(f)
엉트헤

**차가운 전채**
**entrée froide**(f)
엉트헤 프흐와드

**따뜻한 전채**
**entrée chaude**(f)
엉트헤 쇼드

**익히지 않은 햄**
**jambon cru**(m)
정봉 크휘

**훈제 연어**
**saumon fumé**(m)
쏘몽 퓌메

에스카르고(달팽이 요리)
**escargot**(m)
에스꺄흐고

샐러드
**salade**(f)
쌀라드

스프
**soupe**(f)
쑆(프)

**푸아그라**
**foie gras**(m)
프와 그하

**테린느**
**terrine**(f)
떼힌느

**파테**
**pâté**(m)
빠떼

**생굴**
**huître**(f)
위트흐

■ 생굴은 파리지엔이 특별히 좋아하는 음식입니다. 가을부터 겨울까지는 레스토랑 앞에서도 '굴까기 전문가' écaill**er(ère)!** [에꺄이에(흐)]가 굴을 팔지요.

**주요리**
**plat**(m)
쁠라

**[고기 요리]**
■ 식재료 ▶ p.116~117

**[채소 요리]**
**라따뚜이**
**ratatouille**(f)
하따뚜이-으

**그라탕**
**gratin**(m)
그하땡

**[가금 요리]**
**개구리**
**grenouille**(f)
그흐누이-으

■ 그릴에 구운 '개구리 넓적다리' cuisses de grenouille (f) [뀌쓰 드 그흐누이-으]는 프랑스의 명물 요리 중 하나예요.

**토끼**
**lapin**(m)
라뺑

**[생선 요리]**
■ 식재료 ▶ p.116~117

와인
**vin**(m)
뱅

## [ 라벨 보는 법 ]

라벨
**étiquette**(f)
에띠껫(뜨)

알코올 도수
**teneur en alcool**(f)
뜨뇌흐 어 날꼴르

AOC(원산지 통제 명칭)
**appellation d'origine contrôlée**(f)
아뻴라씨옹 도히쥔 꽁트홀레

▮ '화이트 와인'은 vin blanc (m) [뱅 블렁], '레드 와인'은 vin rouge (m) [뱅 후쥬], '로 제 와인'은 vin rosé (m) [뱅 호제], '샴페인' 은 champagne (m) [섕빤뉴]. 참고로 샴 페인은 프랑스 샹파뉴 지방에서 만들어진 스파클링 와인을 부르는 이름입니다. 다른 산지의 스파클링 와인은 vin mousseux (m) [뱅 무쏘]라고 부릅니다.

산지
**origine**(f)
오히쥔느

수확한 해
**année de récolte**(f)
아네 드 헤꼴뜨

용량
**quantité**(f)
껑띠떼

코르크
**bouchon**(m)
부숑

병
**bouteille**(f)
부떼이-으

▮ '작은 병(하프 보틀)'은 demi-bouteille (f) [드미-부떼이-으], '글 래스 와인'을 부탁할 때는 un verre de vin [앙 베흐 드 뱅]이라고 말합 니다. 또 병 모양은 지방마다 다릅니 다. 왼쪽부터 보르도, 알자스, 프로 방스, 브르고뉴 지방의 병을 뜻해요.

## [ 와인 주문 ]

**1**
확인하다
**vérifier**
베히피에

**2**
따르다
**servir**
쎄흐비흐

**3**
테이스팅
**dégustation**(f)
데귀스따씨옹

▮ '테이스팅하다'는 déguster [데귀스떼]

**4**
칭찬하다, 승인하다
**approuver**
아프후베

Part 5

음식 즐기기
# Connaître les plats 3
🔊 5-07

메뉴 알기 3: 디저트·치즈·음료

디저트
**dessert**(m)
데쎄흐

타르트
**tarte**(f)
따흐뜨

아이스크림
**glace**(f)
글라쓰

셔벗
**sorbet**(m)
쏘흐베

크렘브륄레
**crème brûlée**(f)
크헴 브휠레

슈크림
**chou à la crème**(m)
슈 알 라 크헴므

작은 타르트
**tartelette**(f)
따흐뜰레뜨

초콜릿 케이크
**gâteau au chocolat**(m)
갸또 오 쇼꼴라

케이크
**gâteau**(m)
갸또

마들렌
**madeleine**(f)
마들렌느

까눌레
**cannelé**(m)
꺄늘레

마카롱
**macaron**(m)
마까홍

■ '밀푀유' millefeuille (m) [밀푀이-으], '몽블랑' montblanc (m) [몽블헝]

| 치즈
**fromage**(m)
프호마-쥬 |
|---|

모든 치즈
**assiette de fromages**(f)
아씨에뜨 드 프호마-쥬

▎또는 plateau de fromages (m) [쁠라또 드 프호마-쥬]라고 합니다.

콩테
**Comté**(m)
꽁떼

▎회색빛이 도는 단단한 껍질로 덮인 오래 숙성된 치즈를 말합니다.

파르메산, 파마산
**Parmesan**(m)
빠흐므정

▎깎아서 요리에 사용하는 등 다양하게 사용되는 이탈리아산 경질 치즈예요.

로크포르
**Roquefort**(m)
혹(ㅋ)포흐

▎푸른곰팡이 치즈의 대표 주자예요. 표면에 있는 '푸른 반점'은 persillé [뻬흐씨예] (직역하면 '파슬리를 뿌린'이라는 뜻)라고 부릅니다.

생치즈, 크림 치즈
**fromage blanc**(m)
프호마-쥬 블렁

▎요구르트랑 아주 비슷해서 디저트에 사용되죠.

까망베르
**Camembert**(m)
꺄멍베흐

▎우유로 만들어진 흰곰팡이 치즈입니다. 무난해서 누구나 좋아하는 부드러운 맛이죠.

브리(치즈)
**Brie**(m)
브히

▎까망베르랑 비슷한 흰곰팡이 치즈로 가늘고 긴 삼각형 모양을 가진 제품이 많아요.

르블로숑
**Reblochon**(m)
흐블로쑝

▎생우유로 만들어진 묽은 치즈로 론알프 지방의 명물이랍니다.

에포와스
**Époisses**(m)
에쁘와쓰

▎오렌지색 부드러운 껍질로 싸인 향이 강한 브루고뉴 산 묽은 치즈입니다.

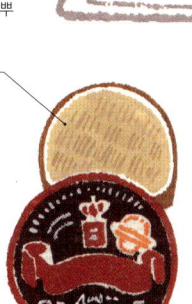

| 음료
**boisson**(f)
브와쏭 |
|---|

탄산수
**eau gazeuse**(f)
오 가즈즈

생수
**eau plate**(f)
오 쁠라뜨

▎'물 한 병'은 une carafe de'eau예요. carafe(물병)을 빼고 말하면 보통 생수 달라는 것으로 이해합니다.

칵테일
**cocktail**(m)
꼭(ㅋ)뗄르

맥주
**bière**(f)
비에흐

차가운
**glacé(e)**
글라쎄

주스
**jus de fruit**(m)
쥐 드 프휘

뜨거운
**chaud(e)**
쇼(드)

## 음식 즐기기
# Aller au marché
5-08
시장 가기: 과일·채소

시장
**marché**(m)
마흐쒜

저울
**balance**(f)
발렁쓰

( )킬로그램
**( ) kilogramme**
( ) 낄로그함므
▪괄호 안에 필요한 숫자를 넣어 말하세요.

채소
**légume**(m)
레귬므

주머니, 봉지
**sac**(m)
싹(끄)

감자
**pomme de terre**(f)
뽐(므) 드 떼흐

바구니
**panier**(m)
빠니에

호박
**potiron**(m)
뽀띠홍

기다란 호박(주키니)
**courgette**(f)
꾸흐쩨뜨

상추
**laitue**(f)
레뛰

브로콜리
**brocoli**(m)
브호꼴리

피망
**poivron**(m)
쁘와브홍

가지
**aubergine**(f)
오베흐쥔느

토마토
**tomate**(f)
또마뜨

아티초크(엉겅퀴)
**artichaut**(m)
아흐띠쇼

아스파라거스
**asperge**(f)
아스뻬흐쥬

오이
**concombre**(m)
꽁꽁브흐

당근
**carotte**(f)
꺄호뜨

파
**poireau**(m)
쁘와호

크레송(물냉이)
**cresson**(m)
크헤쏭

양송이
**champignon de Paris**(m)
셩삐뇽 드 빠히

시금치
**épinard**(m)
에삐나흐

양파
**oignon**(m)
오뇽

마타리 상추
**mâche**(f)
마슈

| 과일 **fruit**(m) 프휘 | 감 **kaki**(m) 까끼 | 레몬 **citron**(m) 씨트홍 | 바나나 **banane**(f) 바난느 | 라임 **citron vert**(m) 씨트홍 베흐 |

사과 **pomme**(f) 뽐므

살구 **abricot**(m) 아브히꼬

복숭아 **pêche**(f) 뻬슈

키위 **kiwi**(m) 끼위

포도 **raisin**(m) 헤젱

배 **poire**(f) 쁘와흐

멜론 **melon**(m) 믈롱

체리 **cerise**(f) 쓰히즈

파인애플 **ananas**(m) 아나나스

오렌지 **orange**(f) 오헝-쥬

천도복숭아 **nectarine**(f) 넥따힌느

자몽 **pamplemousse**(m) 뻥쁠르무쓰

귤 **clémentine**(f) 끌레멍띤느

라즈베리, 산딸기 **framboise**(f) 프헝브와즈

석류 **grenade**(f) 그흐나드

코코넛 **noix de coco**(f) 느와 드 꼬꼬

## Part 5 음식 즐기기
# Aller au supermarché
슈퍼마켓 가기

 5-09

**슈퍼마켓**
**supermarché**(m)
쒸뻬흐마흐쉐

※ 파란색 단어는 슈퍼마켓의 코너 명에 많이 쓰이는 단어입니다.

**신선 식품**
**produit frais**(m)
프호듸 프헤

**만든 음식**
**traiteur**(m)
트헤뙤흐

**유제품**
**produit laitier**(m)
프호듸 레띠에

**빵·케이크 매장**
**pâtisserie**(f)
빠띠쓰히

**스낵 과자**
**gâteaux apéritifs**(m.pl.)
갸또 아뻬히띠프

**쇼핑**
**courses**(f.pl.)
꾸흐쓰

**카트**
**chariot**(m)
샤히오

**쇼핑 목록**
**liste des courses**
리스뜨 데 꾸흐쓰

**식료품**
**produit alimentaire**(m)
프호듸 알리멍떼흐

**냉동 식품**
**produit surgelé**(m)
프호듸 쉬흐쥴레

**통조림**
**conserve**(f)
꽁쎄흐브

**의류**
**vêtement**(m)
베뜨멍

**일용잡화**
**produit d'entretien**(m)
프호듸 덩트흐띠엥

**배달**
**livraison**(f)
리브헤종

**통로**
**passage**(m)
빠싸−쥬

**할인**
**réduction**(f)
헤뒥씨옹

108 ▮ 면적이 넓고 취급 물품이 다양한 대형 마트는 hypermarché (m) [이뻬흐마흐쉐]라고 합니다.

조미료
**assaisonnement**(m)
아쎄죤느멍

식초
**vinaigre**(m)
비네그흐

▌'와인 식초'는 vinaigre de vin (m) [비네그흐 드 벵], '발사믹 식초'는 vinaigre balsamique (m) [비네그흐 발자미끄]

올리브유
**huile d'olive**(f)
윌 돌리브

마요네즈
**mayonnaise**(f)
마이요네즈

머스터드
**moutarde**(f)
무따흐드

드레싱
**vinaigrette**(f)
비네그헤뜨

버터
**beurre**(m)
뵈흐

▌'가염'은 (beurre) salé [(뵈흐) 쌀레], '반가염'은 demi-sel [드미–쎌], '무염'은 doux [두]

케첩
**ketchup**(m)
께첩

[ 슈퍼마켓에서의 계산 ]

**1** 대부분의 슈퍼에서는 채소나 과일을 필요한 만큼 직접 봉지에 담아 저울에 올립니다.

비닐 봉지
**sac**(m)
싹(끄)

저울
**balance**(f)
발렁쓰

**2** 품목 버튼을 누르면 무게에 따른 가격이 계산되고, 가격표가 스티커로 인쇄되어 나옵니다.

버튼
**bouton**(m)
부똥

인쇄하다
**imprimer**(m)
엥프히메

**3** 가격과 바코드가 인쇄된 스티커를 봉지에 붙여 계산대로 가져가면 됩니다.

스티커
**autocollant**(m)
오또꼴렁

바코드
**code-barres**(m)
꼬드–바흐

**4** '잔돈' monnaie [모네]를 준비해 두면 편하게 계산할 수 있어요.

계산대
**caisse**(f)
께쓰

# Faire la cuisine 1

음식 즐기기

요리하기 1 : 주방 용품

찬장
**buffet**(m)
뷔페

주방, 부엌
**cuisine**(f)
뀌진느

전자레인지
**four à micro-ondes**(m)
푸흐 아 미크호-옹드
■ 전자레인지나 오븐에서 데우기만 하면 되는 냉동 식품이 다양하고 많습니다. 냉동 식품만 전문적으로 파는 슈퍼마켓도 있어요.

커피메이커
**machine à café**(f)
마쒼(느) 아 꺄페

세제
**liquide vaisselle**(f)
리끼드 베쎌르

깨끗한
**propre**
프호프흐

지저분한
**sale**
쌀르

싱크대
**évier**(m)
에비예

믹서
**mixeur**(m)
믹쐬흐

밥솥
**cuiseur de riz**(m)
뀌죄흐 드 히
■ 쌀이 주식이 아니므로 밥솥을 가지고 있는 집은 별로 없습니다. 슈퍼에서 파는 봉지에 든 쌀은 10분 정도 끓이면 먹을 수 있습니다.

포트(전기 포트)
**bouilloire**(f)
부이으와흐

쓰레기통
**poubelle**(f)
뿌벨르

식기세척기
**lave-vaisselle**(m)
라브-베쎌르

문
**porte**(f)
뽀흐뜨

■ 프랑스에서는 대부분 전기레인지를 사용하지요. 안전하지만 아쉽게도 볶음 요리를 하기엔 좋지 않습니다. 그리고 '바게트' baguette (f) [바게뜨]가 주류인 프랑스에서는 토스터가 없는 가정도 많답니다.

Part 5

음식 즐기기
# Faire la cuisine 2
요리하기 2 : 요리 방법

씻다
**laver**
라베

물기를 빼다
**égoutter**
에구떼

헹구다
**rincer**
헹쎄

(물에) 담그다
**tremper dans l'eau**
트헝뻬 덩 로

얇게 썰다
**émincer**
에멩쎄

잘게 썰다
**hacher**
아쒜

자르다
**couper**
꾸뻬

▌'다지기'라고 할 때는 en petits morceaux [엉 쁘띠 모흐쏘]를, '통썰기'라고 할 때는 en rondelles [엉 홍델르]를 동사 couper [꾸뻬] 뒤에 붙입니다.

굽다
**griller**
그히-예

볶다
**sauter**
쏘떼

뒤집다
**tourner**
뚜흐네

타다, 눋다
**brûler**
브휠레

익히다, 삶다
**cuire**
뀌흐

조리다 (약한 불로 익히다)
**mijoter**
미죠떼

끓이다
**bouillir**
부이이흐

거품
**écume** (f)
에뀜므

## Part 5 음식 즐기기
# Manger ensemble 🔊 5-12
다 함께 먹기

샐러드
**salade**(f)
쌀라드

드레싱
**vinaigrette**(f)
비네그헤뜨

뿌리다
**mettre**
메트흐

샐러드볼
**saladier**(m)
쌀라디에

옮기다, 나르다
**apporter**
아뽀흐떼

돕다
**aider**
에데

(식탁을) 차리다
**préparer**
프헤빠헤

그릇에 나누어 담다
**servir**
쎄흐비흐

접시
**assiette**(f)
아씨에뜨

받다
**recevoir**
흐쓰브와흐

건네다
**passer**
빠쎄

돌리다
**faire passer**
페흐 빠쎄

앉다
**s'asseoir**
싸쓰와흐

놓다
**poser**
뽀제

냅킨
**serviette**(f)
쎄흐비에뜨

우유
**lait**(m)
레

컵
**verre**(m)
베흐

붓다, 따르다
**servir**
쎄흐비흐

바르다
**tartiner**
따흐띠네

버터
**beurre**(m)
뵈흐

잼
**confiture**(f)
꽁피뛰흐

담소를 나누다
**bavarder**
바바흐데

좀 더 드시겠어요?
**En voulez-vous encore?**
엉 불레-부 엉꼬흐

더 달라고 청하다
**en demander encore**
엉 드멍데 엉꼬흐

입을 닦다
**s'essuyer les lèvres**
쎄쒸이에 레 레브흐

식탁을 치우다
**débarrasser la table**
데바하쎄 라 따블르

설거지하다
**faire la vaisselle**
페흐 라 베쎌

닦다
**essuyer**
에쒸이에

보관
**conservation**(f)
꽁쎄흐바씨옹

문지르다
**gratter**
그하떼

스폰지
**éponge**(f)
에뽕쥬

젖어 있다
**mouillé(e)**
무이-예

음식물 찌꺼기
**ordure**(f)
오흐뒤흐

마른, 건조한
**sec(èche)**
쎅(그)(쎄슈)

용기
**récipient**(m)
헤씨삐엉

버리다
**jeter**
쥬떼

115

# 음식 즐기기
# Viande·Poisson  5-13
식재료: 고기·생선

고기
**viande**(f)
비엉드

소고기
**bœuf**(m)
뵈프

■ '수소'는 bœuf [뵈프], '암소'는 vache (f) [바슈], '송아지'는 veau (m) [보]

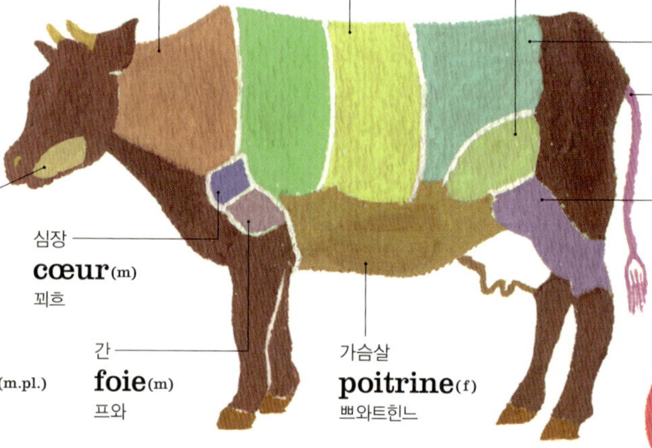

혀
**langue**(f)
렁그

부위
**quartiers**(m.pl.)
까흐띠에

어깨 부위
**épaule**(f)
에뽈르

심장
**cœur**(m)
꾀흐

간
**foie**(f)
프와

등심
**entrecôte**(f)
엉트흐꼬뜨

안심
**filet**(m)
필레

등심살
**faux-filet**(m)
포-필레

꼬리
**queue**(f)
끄

넓적다리
**cuisse**(f)
뀌쓰

가슴살
**poitrine**(f)
쁘와트힌느

에스카르고
**escargot**(m)
에스까흐고

■ 너무나 잘 알려진 프랑스 요리의 식재료이자 요리 이름입니다. 에스카르고는 달팽이 일종인데 주로 고기 요리를 하는 식당에서 먹습니다.

소시지
**saucisse**(f)
쏘씨쓰

햄
**jambon**(m)
정봉

순대
**boudin**(m)
부댕

큰 소시지
**saucisson**(m)
쏘씨쏭

닭고기
**poulet**(m)
뿔레

돼지고기
**porc**(m)
뽀흐

새끼 양고기
**agneau**(m)
아뇨

칠면조
**dinde**(f)
뎅드

토끼고기
**lapin**(m)
라뺑

생선
**poisson**(m)
쁘와쏭

가재
**écrevisse**(f)
에크흐비쓰

대하
**langouste**(f)
렁구스뜨

■ 보통 '바닷가재, 왕새우' 구분 없이 langouste (f) [렁구스뜨] 또는 homard (m) [오마흐] 라고 부릅니다. '작은 새우'는 crevette [크흐베뜨], '작은 바닷가재'는 langoustine (f) [렁구스띤느] 입니다.

홍합
**moule**(f)
물르

가리비
**coquille St-Jacques**(f)
꼬끼-으 쎙-쟈끄

대구
**merlan**(m)
메흘렁

■ '대구'는 종류에 따라 cabillaud (m) [꺄비-요], morue (f) [모휘] 등으로 불립니다.

연어
**saumon**(m)
쏘몽

도미
**daurade**(f)
도하드

굴
**huître**(f)
위트흐

( )산
**origine ( )**
오히쥔느 ( )

민물고기
**poisson de rivière**(m)
쁘와쏭 드 히비에흐

캐비어
**caviar**(m)
꺄비야-흐

고등어
**maquereau**(m)
마끄호

곤들매기
**brochet**(m)
브호쉐

오징어
**seiche**(f)
쎄슈

뱀장어
**anguille**(f)
엉기-으

송어
**truite**(f)
트휘뜨

머리
**tête**(f)
떼뜨

비늘
**écaille**(f)
에꺄이-으

(생선을) 자르다
**couper**
꾸뻬

농어
**bar**(m)
바흐

내장을 빼다
**vider**
비데

혀가자미
**sole**(f)
쏠르

꼬리
**queue**(f)
끄

참치, 다랑어
**thon**(m)
똥

아가미
**branchies**(f.pl.)
브헝쉬

(생선)살
**filet**(m)
필레

# Les mots de tous les jours

일상회화
감정 표현 expressions

5-14

## Part 6

# 바캉스와 휴일
### Partir en vacances ou en week-end

휴식을 중요하게 생각하는 프랑스 사람들은 도시의 소란함으로부터 벗어나 주로 대자연으로 바캉스를 갑니다. 휴일엔 친구나 연인과 함께 시간을 보내죠.

바캉스와 휴일
# Vacances 1
바캉스 1 : 비행기

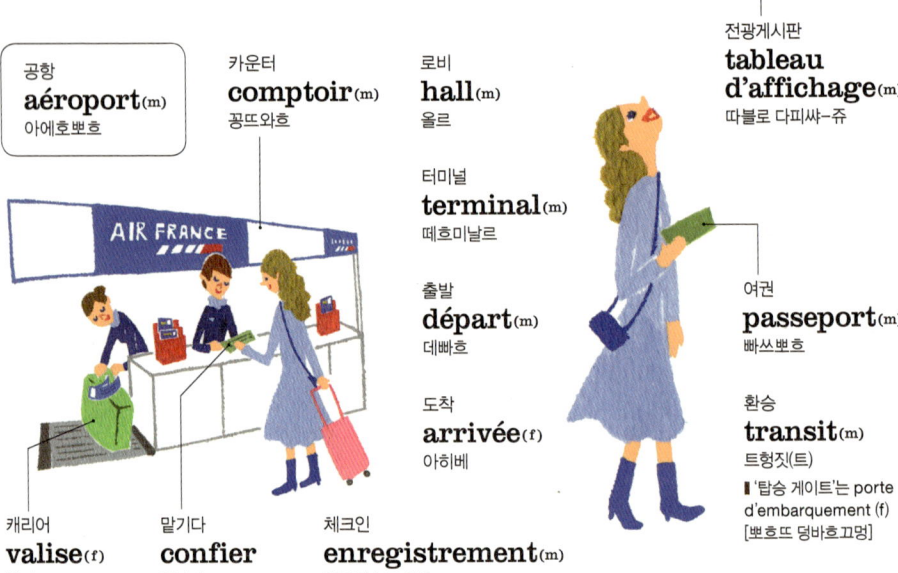

공항
**aéroport**(m)
아에호뽀흐

카운터
**comptoir**(m)
꽁뜨와흐

로비
**hall**(m)
올르

전광게시판
**tableau d'affichage**(m)
따블로 다피샤-쥬

터미널
**terminal**(m)
떼흐미날르

출발
**départ**(m)
데빠흐

여권
**passeport**(m)
빠쓰뽀흐

도착
**arrivée**(f)
아히베

환승
**transit**(m)
트헝짓(트)

캐리어
**valise**(f)
발리즈

맡기다
**confier**
꽁피에

체크인
**enregistrement**(m)
엉흐쥐스트흐멍

❚ '탑승 게이트'는 porte d'embarquement (f)
[뽀흐뜨 덩바흐끄멍]

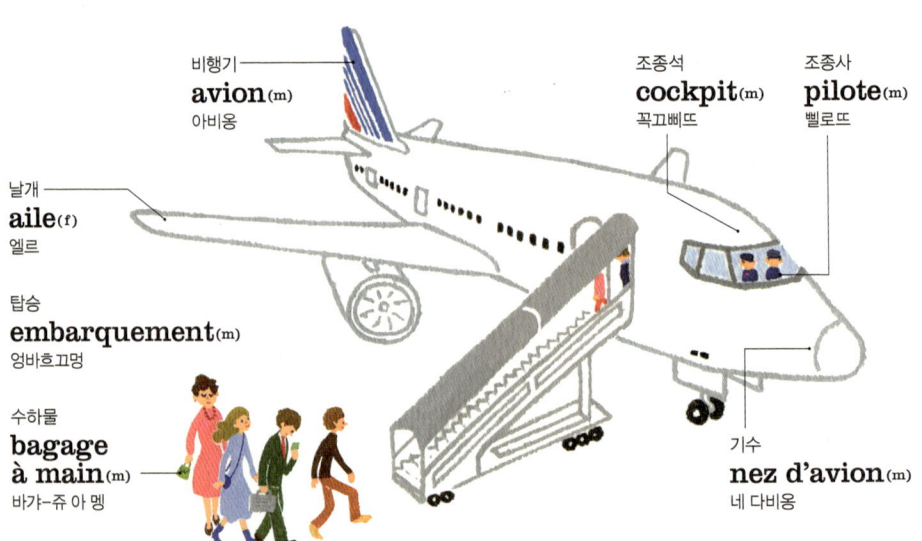

비행기
**avion**(m)
아비옹

조종석
**cockpit**(m)
꼭끄삐뜨

조종사
**pilote**(m)
삘로뜨

날개
**aile**(f)
엘르

탑승
**embarquement**(m)
엉바흐끄멍

수하물
**bagage à main**(m)
바가-쥬 아 멩

기수
**nez d'avion**(m)
네 다비옹

기내
**cabine**(f)
꺄빈느

램프
**lumière**(f)
뤼미에흐

객실 승무원
**personnel navigant**(m)
뻬흐쏘넬르 나비겅

작은 테이블
**tablette**(f)
따블레뜨

식사
**repas**(m)
흐빠

담요
**couverture**(f)
꾸베흐뛰흐

좌석
**siège**(m)
씨에쥬

창가쪽
**côté hublot**(m)
꼬떼 위블로

눕히다, 젖히다
**renverser**
헝베흐쎄

통로쪽
**côté couloir**(m)
꼬떼 꿀르와흐

비상구
**sortie de secours**(f)
쏘흐띠 드 스꾸흐

화장실
**toilettes**(f.pl.)
뜨왈레뜨

구명동의
**gilet de sauvetage**(m)
질레 드 쏘브따-쥬

하선, 하차
**débarquement**(m)
데바흐끄멍

세관
**douane**(f)
두안느

신고
**déclaration**(f)
데끌라하씨옹

심사
**contrôle**(m)
꽁트홀르

국적
**nationalité**(f)
나씨오날리떼

거주자
**résident(e)**
헤지덩(뜨)

입국 카드
**carte de débarquement**(f)
꺄흐뜨 드 데바흐끄멍

비거주자
**non-résident(e)**
농-헤지덩(뜨)

비자
**visa**(m)
비자

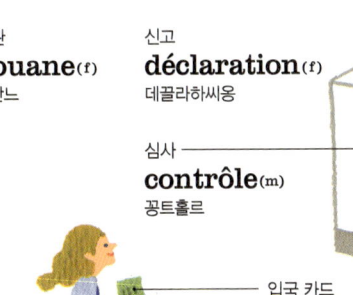

# Vacances 2 🔊 6-02

바캉스와 휴일
바캉스 2 : 드라이브

고속도로
**autoroute**(f)
오또후뜨

운전하다
**conduire**
꽁뒤흐

자동차
**voiture**(f)
브와뛰흐

앞지르다
**dépasser**
데빠쎄

양보하다
**céder le passage**
쎄데 르 빠싸-쥬

터널
**tunnel**(m)
뛰넬르

출발하다, 시동을 걸다
**démarrer**
데마헤

정차하다
**s'arrêter**
싸헤떼

렌터카
**voiture de location**
브와뛰흐 드 로까시옹

빌리다
**louer**
루에

보증금
**caution**(f)
꼬씨옹

보험
**assurance**(f)
아쒸헝쓰

면허증
**permis de conduire**(m)
뻬흐미 드 꽁뒤흐

주차
**stationnement**(m)
스따씨온느멍

주차하다
**garer**
갸헤

▌stationner [스따씨오네]라고도 합니다.

도로 지도
**plan de route**(m)
쁠렁 드 후뜨

수동 기어 차
**voiture manuelle**(f)
브와뛰흐 마뉘엘르

▌'오토매틱 차'는 voiture automatique (f) [브와뛰흐 오또마띠끄]

124

좌회전하다
**tourner à gauche**
뚜흐네 아 고슈

돌다
**tourner**
뚜흐네

신호
**feu**(m)
프

우회전하다
**tourner à droite**
뚜흐네 아 드화뜨

교차로
**carrefour**(m)
꺄흐푸흐

표지
**signalisation**(f)
씨냘리자씨옹

직진하다
**aller tout droit**
알레 뚜 드화

고속방지턱
**ralentisseur**(m)
할렁띠쐬흐

■ 속도를 낮추도록 도로에 있는 턱입니다. dos d'âne (m) [도단느](직역하면 '당나귀 등')라는 재미있는 표현도 있어요.

보도
**trottoir**(m)
트호뜨와흐

도로
**route**(f)
후뜨

가드레일
**balustrade**(f)
발뤼스트하드

차선
**voie**(f)
브와

갓길
**bord de la route**(m)
보흐 들 라 후뜨

속도
**vitesse**(f)
비떼쓰

핸들
**volant**(m)
볼렁

백미러
**rétroviseur**(m)
헤트호비죄흐

와이퍼
**essuie-glace**(m)
에쒸-글라쓰

방향지시등
**clignotant**(m)
끌리뇨떵

브레이크
**frein**(m)
프헹

가속 페달(액셀)
**accélérateur**(m)
악쎌레하뙤흐

안전벨트
**ceinture de sécurité**(f)
쌩뛰흐 드 쎄뀌히떼

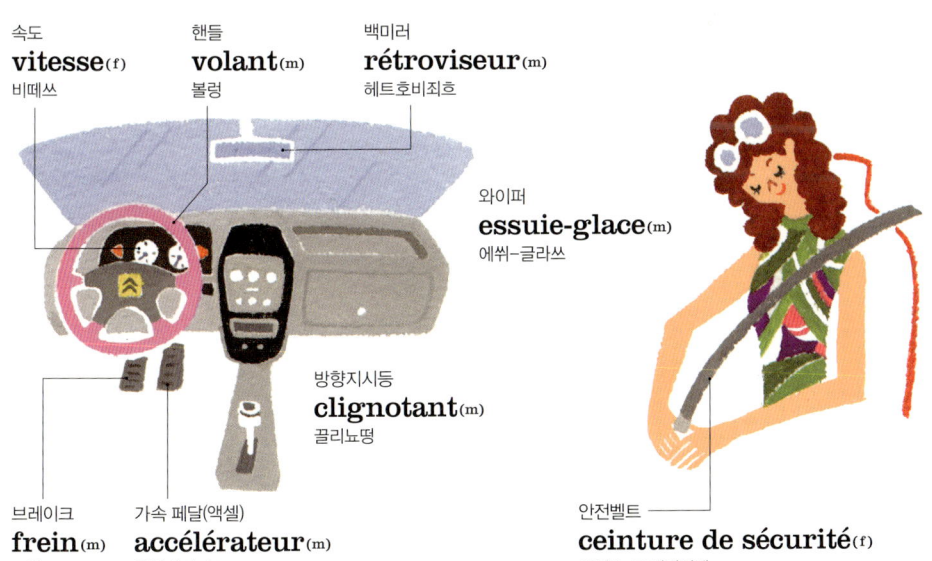

# Vacances 3

바캉스와 휴일
🔊 6-03

바캉스 3 : 호텔

호텔
**hôtel**(m)
오뗄르

프런트
**réception**(f)
헤쎕씨옹

도어맨
**portier**(m)
뽀흐띠에

예약
**réservation**(f)
헤제흐바씨옹

숙박하다
**rester**
헤스떼

체크인
**enregistrement**(m)
엉흐쥐스트흐멍

객실이 다 찬
**compl**et(**ète**)
꽁쁠레(뜨)

짐 보관소
**bagagerie**(f)
바갸쥬히

계단
**escalier**(m)
에스꺌리에

▌'엘리베이터'는 ascenseur (m) [아썽쐬흐], '에스컬레이터'는 escalator (m) [에스꺌라또흐]

객실이 빈
**disponible**
디스뽀니블르

추가 요금
**supplément**(m)
쒸쁠레멍

로비
**lobby**(m)
로비

식당
**salle à manger**(f)
쌀 라 멍줴

접객 책임자
**concierge**
꽁씨에흐쥬

▌'등급 평가' classification (f) [끌라씨피꺄씨옹]는 '별' étoile (f) [에뜨왈르]로 표시 합니다.

아파트
**appartement**(m)
아빠흐뜨멍

유스호스텔
**auberge de jeunesse**(f)
오베흐쥬 드 쥬네쓰

방 번호
**numéro de chambre**(m)
뉘메호 드 셩브흐

포터
**porteur**(m)
뽀흐뙤흐

열쇠
**clé**(f)
끌레

짐
**bagage**(m)
바갸-쥬

더 ~한
**plus ~**
쁠뤼

넓은
**grand(e)**
그헝(드)

밝은
**clair(e)**
끌레흐

깨끗한
**propre**
프호프흐

조용한
**calme**
꺌므

새로운, 새 것인
**neuf(ve)**
뇌프(브)

방
**chambre**(f)
셩브흐

금고
**coffre-fort**(m)
꼬프흐-포흐

조식 포함
**petit-déjeuner compris**
쁘띠-데죄네 꽁프히

룸서비스
**room service**(m)
룸 쎄비스(홈 쎄흐비스)

모닝콜
**réveil**(m)
헤베이-으

욕조 딸림
**avec baignoire**
아벡 베뉴와흐

샤워실 딸림
**avec douche**
아벡 두슈

미니 바
**mini-bar**(m)
미니-바흐

싱글
**simple**
쌍플르

트리플
**triple**
트히쁠르

더블
**double**
두블르

트윈
**twin**
트윈

엑스트라 베드(추가용 간이 침대)
**lit supplémentaire**(m)
리 쒸쁠레멍떼흐

## Part 6
바캉스와 휴일
# Vacances 4
🔊 6-04

바캉스 4: 해변

태양
**soleil**(m)
쏠레이-으

바다
**mer**(f)
메흐

수평선
**horizon**(m)
오히종

파도
**vague**(f)
바그

헤엄치다
**nager**
나줴

▎'수영'은 natation (f) [나따씨옹], '크롤'은 crawl (m) [크홀르], '평영'은 brasse (f) [브하쓰]

서핑
**surf**(m)
쐬흐프

고무보트
**bateau pneumatique**(m)
바또 쁘느마띠끄

튜브
**bouée**(f)
부에

수영복
**maillot de bain**(m)
마이요 드 벵

비치발리볼
**beach-volley**(m)
비취-볼레

스노클링
**plongée libre**(f)
쁠롱줴 리브흐

썰물, 간조
**marée basse**(f)
마헤 바쓰

모래
**sable**(m)
싸블르

128

# Vacances 5

바캉스와 휴일
6-05
바캉스 5: 피크닉·캠핑

Part 6

바캉스와 휴일
# Week-end 1 | 🔊 6-06

휴일 1 : 파티

파티
**fête**(f)
페뜨

주최하다
**organiser**
오흐갸니제

호스트
**hôte(sse)**
오뜨(떼쓰)

▮ '저녁 시간에 열리는 파티 또는 식사 모임'은 soirée (f) [쓰와헤]

주빈
**invité principal**
엥비떼 프헹씨빨르

게스트
**invité(e)**
엥비떼

선물
**cadeau**(m)
까도

기념품
**souvenir**(m)
쑤브니흐

가지고 가다
**apporter**
아뽀흐떼

분위기
**atmosphère**(f)
아뜨모스페흐

캐주얼한
**décontracté(e)**
데꽁트학떼

건배!
**Santé!**
썽떼

격식을 차리지 않은
**familier(ère)**
파밀리에(흐)

건배하다
**trinquer**
트헹께

담소를 나누다
**discuter**
디스뀌떼

세련된, 고급의
**raffiné(e)**
하피네

대화
**conversation**(f)
꽁베흐싸씨옹

제스처
**geste**(m)
줴스뜨

잡담
**bavardages**(m.pl.)
바바흐다-쥬

## 바캉스와 휴일
# Week-end 2
🔊 6-07

휴일 2: 데이트

연인
**amoureux(se)**
아무흐(즈)

여자친구
**copine**
꼬삔느

독신
**célibataire**
쎌리바떼흐

커플, 부부
**couple**(m)
꾸쁠르

남자친구
**copain**
꼬뺑

기혼
**marié(e)**
마히에

[ 사랑하는 사람을 부를 때 ]

[ 여자가 남자에게 ]

나의 사랑스런 사람
**mon chéri**
몽 쉐히

나의 심장
**mon cœur**
몽 꾀흐

나의 토끼
**mon lapin**
몽 라뺑

[ 남자가 여자에게 ]

나의 사랑스런 사람
**ma chérie**
마 쉐히

내 사랑
**mon amour**
모 나무흐

우리 아가/꼬마
**ma puce**
마 쀠쓰

관계
**relation**(f)
흘라씨옹

~와 데이트하다
**sortir avec ...**
쏘흐띠흐 아벡

행복한
**heureux(se)**
외흐(즈)

불행한
**malheureux(se)**
말뢰흐(즈)

외롭다
**Je me sens seul(e)**
쥬 므 썽 쐴르

네가 그리워
**Tu me manques**
뛰 므 멍끄

데이트
**rendez-vous**(m)
헝데-부

늦다
**être en retard**
에트흐 엉 흐따흐

제시간에
**à l'heure**
알 뢰흐

초대하다, 권하다
**inviter**
엥비떼

만나다
**se voir**
쓰 브와흐

약속하다
**promettre**
프호메트흐

스케줄
**emploi du temps**(m)
엉쁠롸 뒤 떵

~을 바람맞히다
**poser un lapin à ~**
뽀제 앙 라뺑 아

사랑해요
**Je t'aime**
쥬 뗌므

안녕!
**ciao!**
챠오

만날 약속
**rendez-vous**(m)
헝데-부

또 전화할게!
**Je te rappelle!**
쥬 뜨 하뻴르

손을 잡다
**se prendre par la main**
쓰 프헝드흐 빠흐 라 멩

껴안다
**s'enlacer**
썽라쎄

헤어지다
**se quitter**
쓰 끼떼

아쉬워하다
**regretter**
흐그헤떼

섹스하다
**faire l'amour**
페흐 라무흐

키스하다
**s'embrasser**
썽브하쎄

(집까지) 데려다주다
**raccompagner**
하꽁빠녜

Part 6

바캉스와 휴일
# Week-end 4  🔊 6-09

휴일 4 : 동물원·수족관

동물원
**zoo**(m)
조

기린
**girafe**(f)
쥐하프

원숭이
**singe**(m)
쌩쥬

코끼리
**éléphant**(m)
엘레펑

판다
**panda**(m)
뻥다

호랑이
**tigre**(m)
띠그흐

사자
**lion**(m)
리옹

토끼
**lapin**(m)
라뼁

다람쥐
**écureuil**(m)
에뀌회이으

코뿔소
**rhinocéros**(m)
히노쎄호쓰

말
**cheval**(m)
슈발르

당나귀
**âne**(m)
안느

얼룩말
**zèbre**(m)
제브흐

양
**mouton**(m)
무똥

염소
**chèvre**(f)
쉐브흐

사슴
**cerf**(m)
쎄흐

뱀
**serpent**(m)
쎄흐뻥

138  ▌'동물'은 animal (m) [아니말르], '생물'은 être vivant (m) [에트흐 비벙]

일상회화
# Les mots de tous les jours
비유/관용구(이미지/표현) image/expressions

6-10

## 【신체를 사용한 비유·관용구】

### [ 머리 ]

그는(그녀는) 자만하고 있다.
**Il (Elle) a la grosse tête.**
일(엘) 라 라 그호쓰 떼뜨
- 직역하면 '그(그녀)는 큰 머리를 하고 있다'는 뜻이에요.

너무 복잡하게 생각하지 마세요!
**Ne vous prenez pas la tête!**
느 부 프흐네 빠 라 떼뜨
- '머리' tête (f) [떼뜨]를 사용한 표현은 정말 많은데요. 특히 이 표현은 아주 많이 쓰입니다. 상대방이 대답을 못하거나 난감해하고 있을 때 써보세요.

### [ 코 ]

그(그녀)는 거짓말을 한다.
**Il(Elle) a le nez qui s'allonge.**
일(엘) 라 르 네 끼 쌀롱쥬
- 직역하면 '그(그녀)는 길어지는 코를 가지고 있다'로, 유명한 피노키오 이야기에서 유래한 표현입니다.

### [ 손 ]

여성에게 프러포즈하다
**Demander la main d'une femme**
드멍데 라 멩 뒨느 팜므
- 직역하면 '여성에게 손(main (f) [멩])을 청하다'라는 뜻이에요. 참고로 프랑스어의 '프러포즈' proposer [프호뽀제]는 '제안하다'라는 뜻이며 구혼의 의미는 없습니다.

## 【동물을 사용한 비유·관용구】

[ 개 ]

이 무슨 지독한 날씨란 말인가!
### Quel temps de chien!
껠 떵 드 쉬엥

■ 직역하면 '개 chien [쉬엥]처럼 지독한 날씨' 입니다. 이유는 알려지지 않았지만 개는 비교적 나쁜 의미의 비유에 사용되는 일이 많습니다.

[ 고양이 ]

아무도 없다
### Pas un chat
빠 장 샤

■ 직역하면 '고양이 chat [샤] 한 마리도 없다'예요. 사람은 고사하고 길고양이조차 눈에 띄지 않는 인적 없는 장소를 말합니다.

[ 코끼리 ]

기억력이 좋다
### Une mémoire d'éléphant
윈느 메므와흐 델레펑

■ 직역하면 '코끼리 éléphant (m) [엘레펑]의 기억력'으로, 영리하고 장수하는 동물이기 때문에 이런 표현을 사용한다고 합니다.

[ 호랑이 ]

질투심 많은 여자
### Jalouse comme une tigresse
쟐루즈 꼼므 윈느 띠그헤쓰

■ tigre (m) [띠그흐]는 '호랑이', tigresse (f) [띠그헤쓰]는 '암호랑이'로, 직역하면 '암호랑이처럼 질투가 심하다'입니다. 기가 세고 무서운 여성을 뜻해요.

[ 말 ]

그것은 그(그녀)의 18번이다.
### C'est son cheval de bataille.
쎄 쏭 슈발 드 바따이-으

■ 직역하면 '그것은 그(그녀)의 군마다'라는 뜻으로, bataille (f) [바따이-으]는 '전투, 싸움, 대립, 논쟁'을 두루 뜻하는 단어입니다.

# Part 7

# 파리의 일상
**Vivre à Paris**

대도시지만 느긋하게 흘러가는 파리의 일상…
소중한 하루하루를 자신의 스타일로 즐겨요.

Part 7

파리의 일상
# Maison 1
🔊 7-01

집 1 : 집 구조

집
**maison**(f)
메종

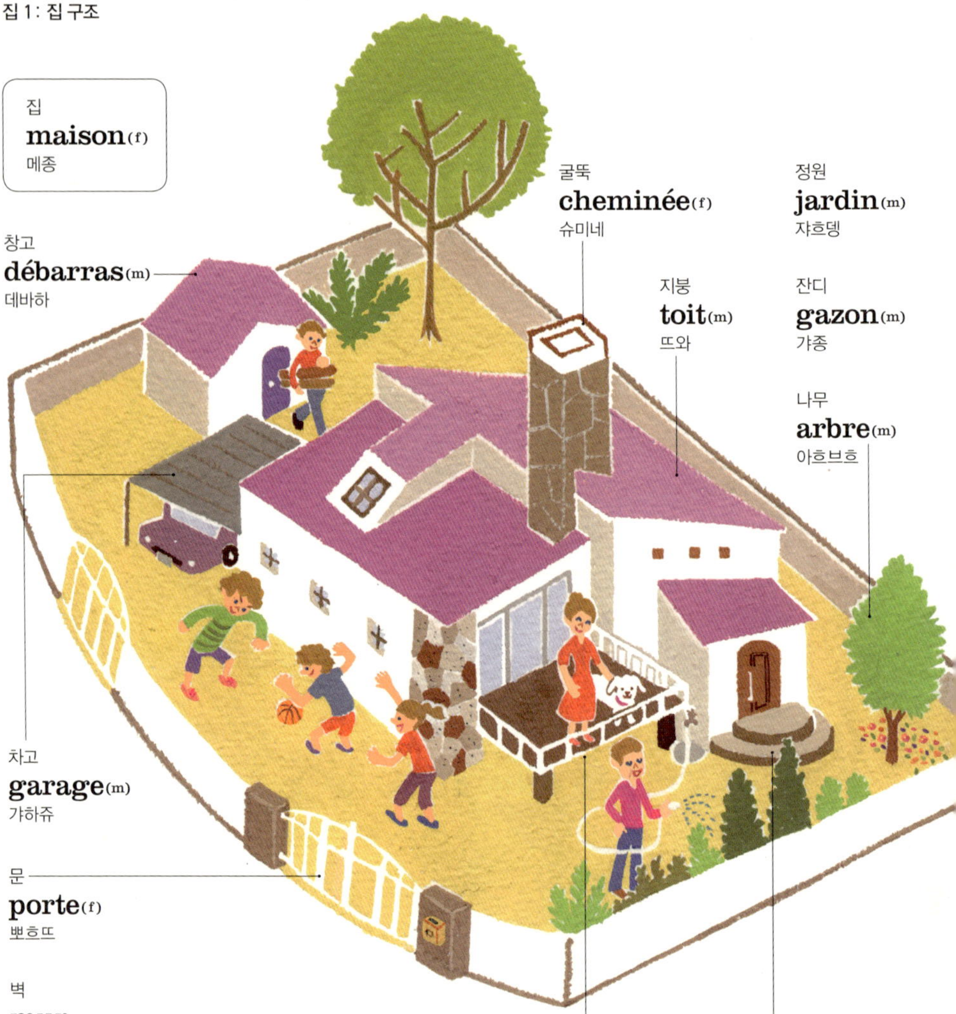

창고
**débarras**(m)
데바하

굴뚝
**cheminée**(f)
슈미네

정원
**jardin**(m)
자흐뎅

지붕
**toit**(m)
뜨와

잔디
**gazon**(m)
갸종

나무
**arbre**(m)
아흐브흐

차고
**garage**(m)
갸하쥬

문
**porte**(f)
뽀흐뜨

벽
**mur**(m)
뮈흐

우편함
**boîte aux lettres**(f)
브와뜨 오 레트흐

테라스
**terrasse**(f)
떼하쓰

계단
**escalier**(m)
에스꺌리에

인터폰
**interphone**(m)
엥떼흐폰느

울타리
**clôture**(f)
끌로뛰흐

외관
**extérieur**(m)
엑쓰떼히외흐

144

맨션, 아파트
**appartement**(m)
아빠흐뜨멍

유리창
**vitre**(f)
비트흐

천창
**lucarne**(f)
뤼까흐느

창(문)
**fenêtre**(f)
프네트흐

공동으로 세들다
**être en co-location**
에트흐 엉 꼴로까씨옹

엘리베이터
**ascenseur**(m)
아썽쐬흐

섀시
**châssis**(m)
샤씨

중정, 안마당
**cour**(f)
꾸흐

베란다
**balcon**(m)
발꽁

집세
**loyer**(m)
르와이예

주민
**habitant(e)**
아비땅(뜨)

관리인
**concierge**
꽁씨에흐쥬

이웃
**voisin(e)**
브와젱(진느)

현관
**entrée**(f)
엉트헤

문손잡이
**poignée**(f)
쁘와녜

스위치
**interrupteur**(m)
엥떼휩뙤흐

애완동물
**animal domestique**(m)
아니말 도메스띠끄

들여다보는 구멍, 스파이홀
**judas**(m)
쥐다

문
**porte**(f)
뽀흐뜨

열쇠
**clé**(f)
끌레

자물쇠
**serrure**(f)
쎄휘흐

천장
**plafond**(m)
쁠라퐁

바닥
**sol**(m)
쏠르

복도
**couloir**(m)
꿀르와흐

신발장
**boîte à chaussures**(f)
브와뜨 아 쇼쒸흐

# Maison 2

파리의 일상
집 2: 실내

🔊 7-02

거실
**salle de séjour**(f)
쌀 드 쎄주흐

안락의자
**fauteuil**(m)
포뙤이-으

카펫
**moquette**(f)
모께뜨

쿠션
**coussin**(m)
꾸쎙

인테리어
**décor**(m)
데꼬흐

낮은 탁자
**table basse**(f)
따블르 바쓰

소파
**canapé**(m)
까나뻬

서랍장
**commode**(f)
꼬모드

사진
**photo**(f)
포또

벽난로
**cheminée**(f)
슈미네

난방
**chauffage**(m)
쇼파-쥬
▌'냉방'은 climatisation (f) [끌리마띠자씨옹]

침실
**chambre à coucher**(f)
셩브흐 아 꾸쉐

베개
**oreiller**(m)
오헤이예

파자마
**pyjama**(m)
삐쟈마

매트리스
**matelas**(m)
마뜰라

침대
**lit**(m)
리

가운
**peignoir**(m)
뻬뉴와흐

램프
**lampe**(f)
렁쁘

옷장
**garde-robe**(f)
갸흐드-호브
▌'장롱'은 armoire (f) [아흐므와흐]라고도 합니다.

자명종
**réveil**(m)
헤베이-으

서재
**bureau**(m)
뷔호

인터넷
**internet**(m)
엥떼흐네뜨

이메일
**courriel**(m)
꾸히엘르

▌'보내다'는 envoyer [엉브와이예],
'받다'는 recevoir [흐쓰브와호]

컴퓨터
**ordinateur**(m)
오흐디나뙤흐

키보드
**clavier**(m)
끌라비예

디지털 카메라
**appareil photo numérique**(m)
아빠헤이으 포또 뉘메히끄

▌'필름'은 pellicule (f) [뻴리뀔르]

프린터
**imprimante**(f)
엥프히멍뜨

아이 방
**chambre d'enfant**(f)
셩브흐 덩펑

만화
**bande-dessinée**(f)
벙(드)-데씨네

포스터
**affiche**(f)
아피슈

장난감
**jouet**(m)
쥬에

전기 스탠드
**lampe**(f)
렁쁘

책상
**bureau**(m)
뷔호

책가방
**cartable**(m)
까흐따블르

목욕탕
**salle de bain**(f)
쌀 드 벵

세면대
**lavabo**(m)
라바보

변기
**toilettes**(f.pl.)
뜨왈레뜨

체중계
**balance**(f)
발렁쓰

샤워
**douche**(f)
두슈

거울
**miroir**(m)
미흐와흐

스폰지
**éponge**(f)
에뽕쥬

욕조
**baignoire**(f)
베뉴와흐

비누
**savon**(m)
싸봉

타올
**serviette**(f)
쎄흐비에뜨

▌프랑스의 '수도꼭지' robinet (m) [호비네]에서는 '따뜻한 물' eau chaude [오 쇼드]는 'c'로, '차가운 물' eau froide [오 프흐와드]는 'f'로 표시되어 있어요.

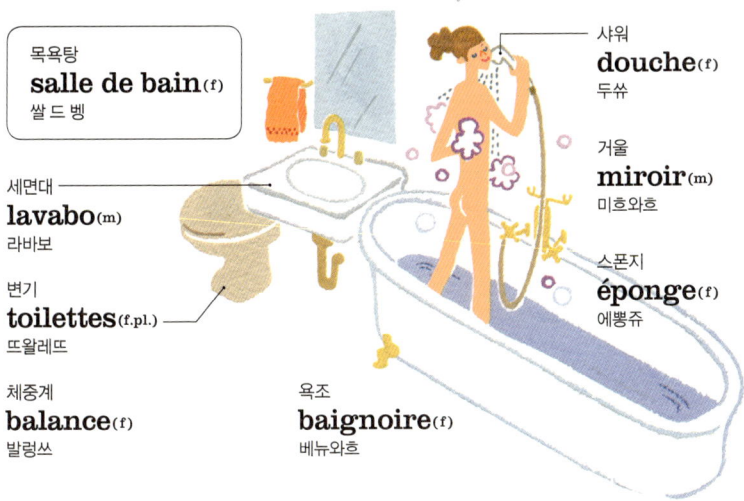

## 파리의 일상
# Aller à l'hôpital
🔊 7-03
병원 가기

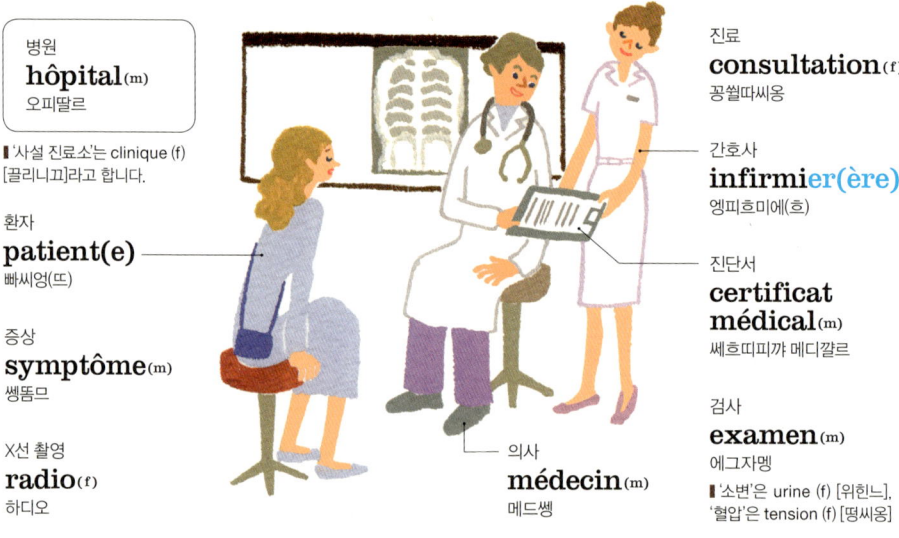

병원
**hôpital**(m)
오피딸르

■ '사설 진료소'는 clinique (f) [끌리니끄]라고 합니다.

환자
**patient(e)**
빠씨엉(뜨)

증상
**symptôme**(m)
쌩똠므

X선 촬영
**radio**(f)
하디오

진료
**consultation**(f)
꽁쒴따씨옹

간호사
**infirmier(ère)**
엥피흐미에(흐)

진단서
**certificat médical**(m)
쎄흐띠피꺄 메디꺌르

검사
**examen**(m)
에그자멩

■ '소변'은 urine (f) [위힌느], '혈압'은 tension (f) [떵씨옹]

의사
**médecin**(m)
메드쌩

상태
**état**(m)
에따

감기
**rhume**(m)
휨므

열
**fièvre**(f)
피에브흐

복통
**maux de ventre**(m.pl.)
모 드 벙트흐

기침
**toux**(f)
뚜

오한
**frisson**(m)
프히쏭

두통
**maux de tête**(m.pl.)
모 드 떼뜨

구역질
**nausée**(f)
노제

가래
**crachat**(m)
크하쌰

재채기
**éternuement**(m)
에떼흐뉘멍

두근거림
**battement de cœur**(m)
바뜨멍 드 꾀흐

설사
**diarrhée**(f)
디아헤

치료
**soin**(m)
쓰웽

주사
**injection**(f)
엥젝씨옹

마취
**anesthésie**(f)
아네스떼지

링거
**perfusion**(f)
뻬흐퓌지옹

수혈
**transfusion**(f)
트헝쓰퓌지옹

해열제
**fébrifuge**(m)
페브히퓌쥬

항생제
**antibiotique**(m)
엉띠비오띠끄

약국
**pharmacie**(f)
파흐마씨

약
**médicament**(m)
메디꺄멍

▌'약을 먹다'는 prendre son médicament [프헝드흐 쏭 메디꺄멍]

처방전
**ordonnance**(f)
오흐도넝쓰

식전
**avant le repas**
아벙 르 흐빠

식후
**après le repas**
아프헤 르 흐빠

부상
**blessure**(f)
블레쒸흐

타박상
**contusion**(f)
꽁뛰지옹

(벌레에) 물리다
**se faire piquer**(f)
쓰 페흐 삐께

붓다
**gonfler**
공플레

화상
**brûlure**(f)
브휠뤼흐

( )알/정
**( ) comprimé(s)**
( ) 꽁프히메

▌괄호 안에 숫자를 넣어 말하세요.
숫자 표현 ▶p.152

염좌, 삠
**entorse**(f)
엉또흐즈

벤 상처
**coupure**(f)
꾸쀠흐

▌'베다'는 se couper [쓰 꾸뻬], '붕대 감기'는 pansement (m) [뻥쓰멍], '접착붕대, 반창고'는 pansement adhésif [뻥쓰멍 아데지프]

골절
**fracture**(f)
프학뛰흐

## 파리의 일상
# Corps et personnalité
 7-04

신체·성격

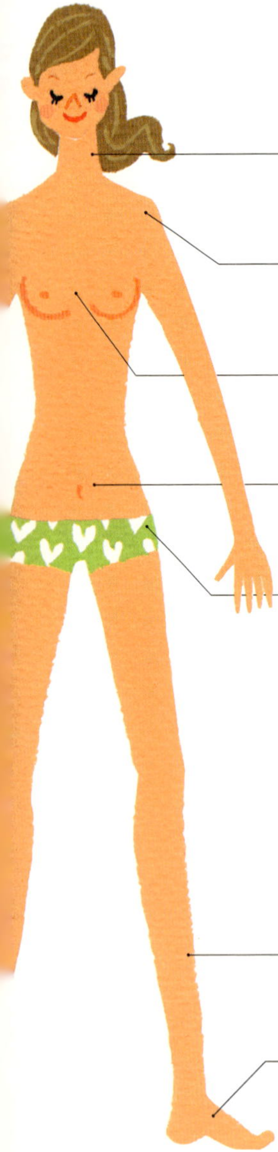

몸
**corps**(m)
꼬흐

얼굴
**visage**(m)
비자-쥬

머리
**tête**(f)
떼뜨

목구멍
**gorge**(f)
고흐쥬

귀
**oreille**(f)
오헤이-으

눈
**œil**(m)
외이으

▌두 눈을 말하는 경우는 yeux (m,pl.) [이으]라고 합니다. 철자도 발음도 달라지니 주의하세요.

어깨
**épaule**(f)
에뿔르

코
**nez**(m)
네

가슴
**poitrine**(f)
쁘와트힌느

혀
**langue**(f)
렁그

입
**bouche**(f)
부슈

배
**ventre**(m)
벙트흐

목
**cou**(m)
꾸

치아
**dent**(f)
덩

허리
**hanche**(f)
엉슈

내장
**organes**(m.pl.)
오흐갼느

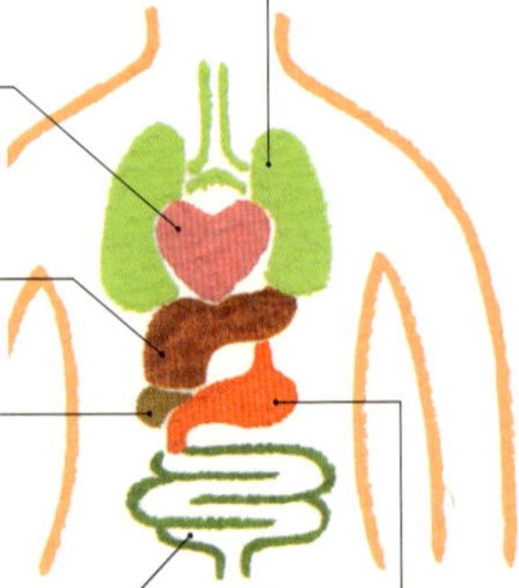

폐
**poumon**(m)
뿌몽

손
**main**(f)
멩

심장
**cœur**(m)
꾀흐

엉덩이
**fesse**(f)
페쓰

▌'성기' sexe (m) [쎅쓰]

간
**foie**(m)
프와

다리
**jambe**(f)
정브

신장
**rein**(m)
헹

발
**pied**(m)
삐에

장
**intestin**(m)
엥떼스떵

위
**estomac**(m)
에쓰또마

## Part 7 파리의 일상
# Compter
🔊 7-05
숫자 세기

수, 숫자
**chiffres**
쉬프흐

20 **vingt** 벵

30 **trente** 트헝뜨

40 **quarante** 꺄헝뜨

50 **cinquante** 쎙껑뜨

60 **soixante** 쓰와썽뜨

100 **cent** 썽

1000 **mille** 밀(르)

10000 **dix mille** 디 밀(르)

10만 **cent mille** 썽 밀(르)

100만 **un million** 앙 밀리옹

0 **zéro** 제호

1 **un** 앙

2 **deux** 드

3 **trois** 트화

4 **quatre** 꺄트흐

5 **cinq** 쎙꼬

6 **six** 씨쓰

7 **sept** 쎄뜨

8 **huit** 위뜨

9 **neuf** 뇌프

10 **dix** 디쓰

11 **onze** 옹즈

12 **douze** 두즈

13 **treize** 트헤즈

14 **quatorze** 꺄또흐즈

15 **quinze** 껭즈

16 **seize** 쎄즈

Part 7

파리의 일상
# La journée et le temps
하루와 시간
7-06

아침
**matin**(m)
마땡

아침 일찍
**de bon matin**
드 봉 마땡

기상
**réveil**(m)
헤베이으

아침식사
**petit déjeuner**(m)
쁘띠 데죄네

태양
**soleil**(m)
쏠레이으

오전
**matin**(m)
마땡

출근하다
**aller au travail**
알레 오 트하바이으

지각
**retard**(m)
흐따흐

낮
**midi**(m)
미디

일, 업무
**travail**(m)
트하바이으

오후
**après-midi**
아프헤-미디

점심식사
**déjeuner**(m)
데죄네

낮잠
**sieste**(f)
씨예스뜨

늦은 오후
**fin d'après-midi**
펭 다프헤-미디

석양
**coucher du soleil**(m)
꾸쒜 뒤 쏠레이으

귀가
**retour**(m)
흐뚜흐

러시아워
**heures d'affluence**(f.pl.)
외흐 다플뤼엉쓰

| 시간 |
|---|
| **temps**(m) |
| 떵 |

시각
**heure**(f)
외흐

하루
**journée**(f)
쥬흐네

### 1시
**une heure**
위 뇌흐
▌'오후 1시'는 '오후'라는 의미를 덧붙여 une heure de l'après-midi [위 뇌흐 들 라프헤-미디]라고 하거나 '13시' treize heures [트헤 죄흐]라고 합니다.

### 2시
**deux heures**
드 죄흐
▌'14시'는 quatorze heures [까또흐 죄흐]

### 3시
**trois heures**
트화 죄흐
▌'15시'는 quinze heures [껭 죄흐]

### 4시
**quatre heures**
까트흐 외흐
▌'16시'는 seize heures [쎄 죄흐]

### 5시
**cinq heures**
쌩 끠흐
▌'17시'는 dix-sept heures [디-쎄 뙤흐]

### 6시
**six heures**
씨 죄흐
▌'18시'는 dix-huit heures [디즈-위 뙤흐]

### 7시
**sept heures**
쎄 뙤흐
▌'19시'는 dix-neuf heures [디즈-뇌 뙤흐]

### 8시
**huit heures**
위 뙤흐
▌'20시'는 vingt heures [벵 뙤흐]

### 9시
**neuf heures**
뇌プ 뙤흐
▌'21시'는 vingt et une heures [벵 떼 위 뇌흐]

### 10시
**dix heures**
디 죄흐
▌'22시'는 vingt-deux heures [벵-드 죄흐]

### 11시
**onze heures**
옹 죄흐
▌'23시'는 vingt-trois heures [벵-트화 죄흐]

### 12시
**douze heures**
두 죄흐
▌'낮 12시'는 midi [미디], '오전 0시'는 minuit [미뉘이]라고 합니다. 0을 [제로]라고 하지 않으므로 주의하세요.

| 저녁, 밤 |
|---|
| **soirée**(f) |
| 쓰와헤 |

달
**lune**(f)
륀느

### 심야
**tard dans la nuit**
따흐 덩 라 뉘이

### 자러 가다
**aller se coucher**
알레 쓰 꾸쒜

### 저녁식사
**dîner**(m)
디네

### 반 시간(30분)
**demi heure**(f)
드미 외흐

### 15분
**un quart**
앙 꺄흐

### 15분 전
**moins le quart**
므웽 르 꺄흐

### 정확히
**pile**
삘르

### 쯤, 약
**environ**
엉비홍

## Part 7 파리의 일상
# Le mois et l'année
1년과 월일

🔊 7-07

| 달력 **calendrier**(m) 꺄렁드히에 |

일(day) **jour**(m) 쥬흐

주 **semaine**(f) 스멘느

월(month) **mois**(m) 므와

년(year) **an**(m) 엉

날짜 **date**(f) 다뜨

월요일 **lundi** 랑디

화요일 **mardi** 마흐디

수요일 **mercredi** 메흐크흐디

목요일 **jeudi** 쥬디

금요일 **vendredi** 벙드흐디

주중 **dans la semaine** 덩 라 스멘느

주말 **week-end**(m) 위껜드

휴일 **jour férié**(m) 쥬흐 페히에

토요일 **samedi** 쌈디

지난달 **le mois dernier** 르 므와 데흐니에

이달 **ce mois** 쓰 므와

다음달 **le mois prochain** 르 므와 프호쉥

일요일 **dimanche** 디멍슈

어제 **hier** 이예흐

오늘 **aujourd'hui** 오쥬흐뒤이

내일 **demain** 드멩

모레 **après-demain** 아프헤-드멩

'1년'은 un an [아 넝] 또는 une année [위 나네]라고도 합니다.

2월 **février** 페브히에

3월 **mars** 마흐쓰

1월 **janvier** 졍비에

4월 **avril** 아브힐르

겨울 **hiver**(m) 이베흐

12월 **décembre** 데썽브흐

계절 **saison**(f) 쎄종
▍'사계' quatre saisons
[꺄트흐 쎄종]

5월 **mai** 메

봄 **printemps**(m) 프헹떵

가을 **automne**(m) 오똔느

11월 **novembre** 노벙브흐

6월 **juin** 쥐엥

여름 **été**(m) 에떼

10월 **octobre** 옥또브흐

7월 **juillet** 쥐이예

9월 **septembre** 쎕떵브흐

8월 **août** 우뜨

날씨 **temps**(m) 떵

맑다 **Il fait beau** 일 페 보

흐리다 **Il y a des nuages** 일 리 아 데 뉘아-쥬

비가 온다 **Il pleut** 일 쁠르

바람 분다 **Il y a du vent** 일 리 아 뒤 벙

덥다/춥다 **Il fait chaud / froid** 일 페 쇼 / 프흐와

## 일상회화
# Les mots de tous les jours
은어 argot

프랑스 사람들끼리 나누는 대화에서는 자주 듣게 되는 말입니다. 하지만 프랑스어가 서툰 외국인이 잘못 사용하면 괜한 오해를 사거나 상대방의 기분을 상하게 할 수 있으니 어디까지나 대화를 이해하기 위한 것으로 알아두세요. 특별히 사용에 주의가 필요한 단어와 표현에는 표시(*)를 해 두었습니다.

### 【은어】

프랑스 사람들은 대화할 때 은어와 속어를 매우 많이 사용합니다. 그래서 프랑스어를 교재나 소설만으로 공부하다 보면 일상 대화를 거의 이해하지 못할 정도입니다.

아이
**gosse**(m)
고쓰

▌mon [몽]을 붙이면 '우리 아이'라는 뜻으로, 아주 친밀하게 부르는 표현입니다.

여자애
**nana**(f)
나나

경찰
**flic**(m)
플릭(끄)

▌일반적으로 많이 쓰입니다.

친구
**pote**(m)
뽀뜨

▌주로 남성에게 사용하며, pote [뽀뜨] 앞에 소유를 나타내는 관사 mon [몽], 복수일 때는 mes [메]를 붙여서 '내 친구'라는 뜻으로 씁니다.

돈
**fric**(m)
프힉(끄)

▌돈을 뜻하는 속어는 여러 가지인데 '큰돈, 비상금'은 magot (m) [마고], '돈, 잔돈'은 sous (m.pl.) [쑤] 등이 있습니다.

쉬(소변)
**pipi**(m)
삐삐

▌엄밀히 말하자면 속어가 아니라 유아어에 해당하는데요. 어른들도 일상적으로 사용합니다. faire pipi [페흐 삐삐]라고 하면 '쉬하다'라는 뜻입니다.

남자애, 녀석
**mec**(m)
멕(끄)

▌mon [몽]을 붙여 mon mec [몽 멕]이라고 하면 '나의 남자친구'라는 뜻이 됩니다.

바보!
## Connard!
꼬나흐

■ 특별히 저속한 표현은 아니지만 우리말의 '바보'보다 다소 강한 뉘앙스이므로 특히 상대방에게 대놓고 말하지 않도록 합시다.

이제 틀렸어!
## C'est foutu!*
쎄 푸뛰

■ 넓은 의미로 쓰이는 속어로 bien foutu(e) [비엥 푸뛰]는 '잘된', mal foutu(e) [말 푸뛰]는 '잘 안된'이라는 표현입니다.

꺼져!
## Casse-toi!
꺄쓰-뜨와

■ se casser [쓰 꺄쎄]는 '깨지다, 고장나다, 물러나다'라는 뜻입니다. 속어로 쓰면 '꺼져, 물러나'라는 뜻이 됩니다.

입 닥쳐!
## Ta gueule!
따 괼르

■ gueule (f) [괼르]란 짐승의 입, 즉 '아가리'를 가리키는 말입니다. 주로 업신여기는 말로 쓰입니다.

뒈져!*
## Crève!
크헤브

■ Crever [크흐베]는 '터지다, 녹초가 되다, 죽을 것 같다'는 뜻입니다. Je suis crevé(e) [쥬 쒸 크흐베]는 '완전히 지쳤다!'라는 의미예요.

바보 멍충이!*
## Enfoiré(e)!
엉프와헤

■ '얼간이'라는 뜻도 되지만, 심한 욕에 해당됩니다. 일상회화나 영화 등에서 자주 듣더라도 직접 사용하진 마세요.

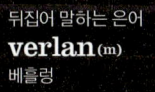

뒤집어 말하는 은어
### verlan (m)
베흘렁

■ 젊은이들 사이의 어휘는 변화가 심하고 사전에도 나와 있지 않은 말들이 생기는 법이지요. 이런 현상의 대표적인 예로, 뒤집어 말하는 은어(verlan [베흘렁])가 있습니다. 90년대에 유행하던 은어인데 요즘도 쓰는 사람들이 있긴 합니다. 이 당시 우리나라에서도 비슷한 현상이 있었지요. 이런 말은 단어를 음절 단위로 끊어 뒤집어 발음하는데요, 문어체로 쓰는 말이 아니지만 문자나 메신저 등에서는 쓰니까 알아만 두세요.

파티
### teuf (f)
뙤프

■ fête (f) [페뜨]가 뒤집어진 말. 소리의 순서를 바꾸는 것이기 때문에 철자가 반대로 되는 것은 아닙니다.

머리가 이상한 사람
### ouf (m)
우프

■ 원래 단어는 fou [푸](여성형은 folle [폴(르)]). T'es ouf! [떼 우프]라고 하면 '너, 머리 어떻게 된 거 아냐?'라는 느낌의 말이에요.

이상하네
### C'est zarbi
쎄 자흐비

■ '이상한, 기묘한'이라는 뜻으로 '그럴 리가 없는데…'라는 뜻의 bizarre [비자흐]에서 온 말입니다.

귀찮아
### Relou
흘루

■ '무거운, 성가신' 등 여러 의미를 가진 단어 lourd(e) [루흐(드)]에서 온 말입니다. 회화에서는 위와 같이 '귀찮아'라고 하는 경우가 많습니다.

음악
### La zic
라 직(끄)

■ 원래 단어는 musique (f) [뮈직(끄)]인데요, zicmu [지끄뮈]라고 하기도 합니다.

# Index 1
## 한글로 찾기

## ㄱ

| | | |
|---|---|---|
| 가는 fin(e) | | 73 |
| 가늘고 긴 바게트 ficelle (f) | | 94 |
| 가드레일 balustrade (f) | | 34, 125 |
| 가래 crachat (m) | | 148 |
| 가로등 réverbère (m) | | 35 |
| 가리비 coquille St-Jacques (f) | | 117 |
| 가방 sac (m) | | 65 |
| 가볍게 léger(ère) | | 73 |
| 가속 페달(엑셀) accélérateur (m) | | 125 |
| 가슴, 가슴살 poitrine (f) | | 116, 150 |
| 가열하지 않은 cru(e) | | 100 |
| 가운 peignoir (m) | | 146 |
| 가위 ciseaux (m.pl.) | | 52, 72 |
| 가을 automne (m) | | 157 |
| 가재 écrevisse (f) | | 117 |
| 가죽 cuir (m) | | 69 |
| 가죽재킷 veste en cuir (f) | | 64 |
| (채소) 가지 aubergine (f) | | 106 |
| (나무의) 가지 branche (f) | | 130 |
| 가지고 가다 apporter | | 132 |
| 가치 valeur (f) | | 25 |
| 가치관 valeurs (f.pl.) | | 20 |
| 간 foie (m) | | 116, 150 |
| 간판 enseigne (f) | | 30, 92 |
| 간호사 infirmier(ère) | | 148 |
| 갈다 râper | | 113 |
| 갈매기 mouette (f) | | 129 |
| 갈색 marron | | 62 |
| 감 kaki (m) | | 107 |
| 감기 rhume (m) | | 148 |
| 감독 réalisateur(rice) | | 82 |
| 감동하다 s'émouvoir | | 51 |
| 감시 카메라 vidéo de surveillance (f) | | 81 |
| 감자 pomme de terre (f) | | 106 |
| 갓 구움 frais(îche) | | 95 |
| 갓길 bord de la route (m) | | 125 |
| 강 fleuve (m) | | 28 |
| 강판 râpe (f) | | 55, 113 |
| 개 chien(ne) | | 32 |
| 개관 ouverture (f) | | 80 |
| 개구리 grenouille (f) | | 102, 139 |
| 개방적인, 솔직한 ouvert(e) | | 151 |
| 개봉 sortie (f) | | 82 |
| 개선문 Arc de triomphe (m) | | 28 |
| 개성 originalité (f) | | 16 |
| 개찰 accès aux quais (m) | | 36 |
| 객실 승무원 personnel navigant (m) | | 123 |
| 객실이 다 찬 complet(ète) | | 126 |
| 객실이 빈 disponible | | 126 |
| (체에) 거르다 à la passoire | | 113 |
| 거북 tortue (f) | | 139 |
| 거스름돈 monnaie (f) | | 93 |
| 거실 salle de séjour (f) | | 146 |
| 거울 miroir (m) | | 66, 147 |
| 거주자 résident(e) | | 123 |
| 거짓말쟁이의 menteur(se) | | 151 |
| 거품 écume (f) | | 112 |
| 거품기 fouet (m) | | 55 |
| 건강 santé (f) | | 19 |
| 건강한 en forme | | 18 |
| 건네다 passer | | 114 |
| 건물 bâtiment (m) | | 34 |
| 건배! Santé! | | 99, 132 |
| 건배하다 trinquer | | 132 |
| 건조한 sec(èche) | | 71 |
| 건포도 raisin (m) | | 95 |

160

| 한국어 | 프랑스어 | 페이지 |
|---|---|---|
| 건포도빵 | pain aux raisins (m) | 95 |
| 검사 | examen (m) | 148 |
| 검정 | noir(e) | 62 |
| 검표기 | composteur (m) | 41 |
| 게스트 | invité(e) | 132 |
| 게임 | jeu (m) | 136 |
| 겨울 | hiver (m) | 157 |
| 격식을 차리지 않은 | familier(ère) | 132 |
| 결별 | rupture (f) | 20 |
| 결정하다 | décider | 57 |
| 결혼 | mariage (m) | 21 |
| 결혼식 | cérémonie de mariage (f) | 21 |
| 경기장 | stade (m) | 29 |
| 경찰(은어) | flic (m) | 158 |
| 경찰관 | policier (m) | 33 |
| 경찰서 | commissariat (m) | 30 |
| 계단 | escalier (m) | 36, 126, 144 |
| 계량컵 | verre gradué (m) | 54 |
| 계량하다 | mesurer | 113 |
| 계산 | règlement (m) | 97 |
| 계산기 | calculatrice (f) | 52 |
| 계산대 | caisse (f) | 63, 109 |
| 계산서, 식사 비용 | addition (f) | 92 |
| 계절 | saison (f) | 157 |
| 계절의 | de saison (f) | 100 |
| 고급(의), 상류의 | huppé(e) | 97 |
| 고기(육류) | viande (f) | 100, 116 |
| 고독 | solitude (f) | 20 |
| 고등어 | maquereau (m) | 117 |
| 고래 | baleine (f) | 139 |
| 고맙습니다 | Merci | 43, 93, 99 |
| 고무보트 | bateau pneumatique (m) | 128 |
| 고물상 | brocanteur(se) | 46 |
| 고서점 | bouquiniste (m) | 84 |
| 고속도로 | autoroute (f) | 124 |
| 고속방지턱 | ralentisseur (m) | 125 |
| 고양이 | chat(te) | 32 |
| 고장 | en panne | 36 |
| 곤들매기 | brochet (m) | 117 |
| (머리카락이) 곧은 | plat(e) | 73 |
| 골드(색) | or | 63 |
| 골무 | dé à coudre (m) | 87 |
| 골절 | fracture (f) | 149 |
| 골판지 상자 | carton (m) | 57 |
| 곱슬머리 | ondulé(e) | 73 |
| 공감 | sympathie (f) | 22 |
| 공동으로 세들다 | être en co-location | 145 |
| 공부 | études (f.pl.) | 85 |
| 공원 | parc (m) | 28, 136 |
| 공작 | paon (m) | 139 |
| 공중전화 | cabine téléphonique (f) | 35 |
| 공중화장실 | toilettes publiques (f.pl.) | 35 |
| 공통점 | point commun (m) | 22 |
| 공포 영화 | film d'horreur (m) | 82 |
| 공항 | aéroport (m) | 122 |
| 곶 | cap (m) | 129 |
| 과묵한 | silencieux(se) | 151 |
| 과일 | fruit (m) | 107 |
| 관계 | relation (f) | 20, 134 |
| 관리인 | concierge | 145 |
| 광장 | place (f) | 29 |
| 교수 | professeur (m) | 85 |
| 교외 | banlieue (f) | 29 |
| 교차로 | carrefour (m) | 34, 125 |
| 교통 | transport (m) | 37 |
| 교통 정체 | embouteillage (m) | 34 |
| 교통 표지 | panneau de signalisation (m) | 34 |
| 교회 | église (f) | 28 |
| 구두 골 | embauchoir (m) | 50 |
| 구명동의 | gilet de sauvetage (m) | 123 |
| 구성 | composition (f) | 86 |
| 구역질 | nausée (f) | 148 |
| 국자 | louche (f) | 54 |
| 국적 | nationalité (f) | 22, 123 |
| 군인 | militaire | 33 |
| 굴 | huître (f) | 117 |

| 한국어 | 프랑스어 | 페이지 |
|---|---|---|
| 굴뚝 | cheminée (f) | 35, 144 |
| 굵은 | épais(se) | 73 |
| 굽다 | cuire | 95 |
| (그릴에) 굽다 | griller | 112 |
| (팔을) 굽히다 | plier | 66 |
| 궁전 | palais (m) | 28 |
| 권하다, 추천하다 | suggérer | 97 |
| 귀 | oreille (f) | 150 |
| 귀가 | retour (m) | 154 |
| 귀걸이 | boucles d'oreilles (f.pl.) | 49 |
| 귀밑털 | favoris (m.pl.) | 73 |
| 귀여운 | mignon(ne) | 17 |
| 귀찮아 | Relou | 159 |
| 귤 | clémentine (f) | 107 |
| 그 식당에서 만든, (식당) 특제의 | maison | 100 |
| 그라탕 | gratin (m) | 102 |
| 그릇에 나누어 담다 | servir | 114 |
| 그리다 | peindre | 87 |
| 그림 | tableau (m) | 87 |
| 그림책 | livre d'enfant (m) | 84 |
| 극장 안 | salle (f) | 83 |
| 근대적인 지구 | quartier moderne (m) | 28 |
| 글래스 | verre (m) | 98 |
| 금 | or (m) | 53 |
| 금고 | coffre-fort (m) | 127 |
| 금속 | métal (m) | 53 |
| 금연 | interdit de fumer | 80 |
| 금요일 | vendredi | 156 |
| 기내 | cabine (f) | 123 |
| 기념품 | souvenir (m) | 81, 132 |
| 기다란 호박(주키니) | courgette (f) | 106 |
| 기름 | huile (f) | 113 |
| 기름기 있는 | gras(se) | 71 |
| 기린 | girafe (f) | 138 |
| 기미 | taches (f.pl.) | 71 |
| 기분 좋다 | Je me sens bien | 70 |
| 기분이 아주 좋은 | bonne humeur (f) | 36 |
| 기상 | réveil (m) | 154 |
| 기수 | nez d'avion (m) | 122 |
| 기억력이 좋다 | Une mémoire d'éléphant | 141 |
| 기침 | toux (f) | 148 |
| 기타 | guitare (f) | 87 |
| 기품 있는 | classe | 17 |
| 기품 있는 | distingué(e) | 151 |
| 기혼 | marié(e) | 21, 134 |
| 긴 | long(ue) | 68, 72 |
| 긴 단발 | cheveux mi-longs | 72 |
| 긴 머리 | cheveux longs | 72 |
| 긴소매 | manches longues (f.pl.) | 68 |
| 길이 | longueur (f) | 68, 72 |
| 까눌레 | cannelé (m) | 104 |
| 까망베르 | Camembert (m) | 105 |
| (값을) 깎다 | marchander | 47 |
| 깜빠뉴 | pain de campagne (m) | 94 |
| 깨 | sésame (m) | 95 |
| 깨끗한 | propre | 110, 127 |
| (빵의) 껍질 | croûte (f) | 94 |
| (과일이나 채소의) 껍질 | épluchure (f) | 113 |
| 껴안다 | s'enlacer | 42, 135 |
| 꼬리 | queue (f) | 116, 117 |
| 꼭 맞는 | serré(e) | 69 |
| 꽃 | fleur (f) | 86 |
| 꽃 시장 | marché aux fleurs (m) | 86 |
| 꽃 장식, 꽃꽂이 | art floral (m) | 86 |
| 꽃다발 | bouquet de fleurs (m) | 86 |
| 꽃무늬 | à fleurs (f.pl.) | 63 |
| 꽃병 | vase (m) | 51, 86 |
| 꽃을 장식하다 | mettre des fleurs | 86 |
| 꽃집 | fleuriste | 86 |
| 꿩 | faisan (m) | 139 |
| 꿰매다 | piquer | 87 |
| (포장용) 끈 | ficelle (f) | 57 |
| (신발의) 끈 | lacet (m) | 67 |
| 끓이다 | bouillir | 112 |

## ㄴ

| | |
|---|---|
| 나무 arbre (m) | 130, 144 |
| 나무 상자 boîte en bois (f) | 51 |
| 나쁘지 않은 pas mal | 82 |
| 나이 âge (m) | 23 |
| 나이프 couteau (m) | 98 |
| (식탁용) 나이프, 포크류 couverts (m.pl.) | 98 |
| 낙서 graffiti (m) | 34, 136 |
| 난방 chauffage (m) | 146 |
| 날개 aile (f) | 122 |
| 날씨 temps (m) | 157 |
| 날짜 date (f) | 156 |
| 남성 homme (m) | 133 |
| 남자친구 copain | 134 |
| 남자다운 masculin(e) | 17 |
| 남자애, 녀석 mec (m) | 158 |
| 낭만적인 romantique | 151 |
| 낮 midi (m) | 154 |
| 낮은 탁자 table basse (f) | 146 |
| 낮잠 sieste (f) | 137, 154 |
| 내 타입 mon genre | 133 |
| 내기를 하다 faire un pari | 136 |
| 내리다 descendre | 39, 67 |
| 내성적인 timide | 151 |
| 내일 demain | 156 |
| 내장 organes (m.pl.) | 150 |
| 내장을 빼다 vider | 117 |
| 냄비 casserole (f) | 55 |
| 냄비 받침 dessous-de-plat (m) | 55 |
| 냅킨 serviette (f) | 99, 114 |
| 냉동 식품 produit surgelé (m) | 108 |
| 냉동고 congélateur (m) | 111 |
| 냉장고 frigo (m) | 111 |
| 넉넉한 large | 69 |
| 넓게 퍼진, 나팔 모양의 évasé(e) | 68 |
| (폭이) 넓은 large | 68 |
| (장소가) 넓은 grand(e) | 127 |
| 넓적다리 cuisse (f) | 116 |
| 네가 그리워 Tu me manques | 134 |
| 년 an (m) | 156 |
| ( )년대 années ( ) | 48 |
| 노동자, 직공 ouvrier(ère) | 33 |
| 노랑 jaune | 62 |
| 노선 itinéraire (m) | 41 |
| 노선도 plan de métro (m) | 39 |
| 노인 vieillard (m) | 136 |
| 노점 stand (m) | 46 |
| 노트 cahier (m) | 52 |
| 놋쇠 laiton (m) | 53 |
| 농민 agriculteur(rice) | 131 |
| 농어 bar (m) | 117 |
| 농장 ferme (f) | 131 |
| 놓다 mettre | 57 |
| 놓다 poser | 114 |
| 눈 oeil (m) | 150 |
| 눕히다, 젖히다 renverser | 123 |
| 늦다 être en retard | 135 |
| 늦은 오후 fin d'après-midi | 154 |

## ㄷ

| | |
|---|---|
| 다락방 grenier (m) | 35 |
| 다람쥐 écureuil (m) | 138 |
| 다리 jambe (f) | 67, 150 |
| 다리미 fer à repasser (m) | 51 |
| 다음 회 prochaine séance (f) | 83 |
| 다음 달 le mois prochain | 156 |
| 다음에 내려요 arrêt demandé | 41 |
| 다이어트 상품 produit diététique (m) | 19 |
| 다크서클 cernes (f.pl.) | 71 |

| 한국어 | 프랑스어 | 페이지 |
|---|---|---|
| 닦다 | essuyer | 115 |
| (옷) 단, 아래쪽 | bas (m) | 66 |
| 단골손님 | habitué(e) | 93 |
| 단맛 | sucré (m) | 95 |
| 단추 | bouton (m) | 66, 87 |
| 단추 구멍 | boutonnière (f) | 66 |
| 달 | lune (f) | 155 |
| 달걀 | oeuf (m) | 95 |
| 달걀받침 | coquetier (m) | 56 |
| 달력 | calendrier (m) | 156 |
| 달리다 | courir | 136 |
| 달인, 전문가 | connaisseur(se) | 25 |
| 닭고기 | poulet (m) | 116 |
| (물에) 담그다 | tremper dans l'eau | 112 |
| 담뱃가게 | tabac (m) | 30 |
| 담소를 나누다 | bavarder, discuter | 23, 38, 115, 132 |
| 담요 | couverture (f) | 123 |
| 당근 | carotte (f) | 106 |
| 당나귀 | âne (m) | 138 |
| 당당하게 | ouvertement | 21 |
| 대구 | merlan (m) | 117 |
| 대본 | scénario (m) | 82 |
| 대사 | dialogue (m) | 83 |
| 대성당 | cathédrale (f) | 29 |
| 대출 중 | indisponible | 85 |
| 대하 | langouste (f) | 117 |
| 대학 | université (f) | 31 |
| 대학생 | étudiant(e) | 33, 80, 85 |
| 대화 | conversation (f) | 47, 132 |
| 더 ~한 | plus ~ | 127 |
| 더 달라고 청하다 | en demander encore | 115 |
| 더블 | double | 127 |
| 덤 | cadeau (m) | 47 |
| 데생 | dessin (m) | 81 |
| 데이트 | rendez-vous (m) | 135 |
| 데코레이션, 장식 | décor (m) | 25 |
| 덱체어(천으로 된 접이 의자) | transat (m) | 129 |

| 한국어 | 프랑스어 | 페이지 |
|---|---|---|
| 도넛 | beignet (m) | 94 |
| 도로 | route (f) | 125 |
| 도로 지도 | plan de route (m) | 124 |
| 도마 | planche à découper (f) | 54 |
| 도미 | daurade (f) | 117 |
| 도미노 | domino (m) | 136 |
| 도서관 | bibliothèque (f) | 85 |
| 도시 | ville (f) | 29 |
| 도시락 | casse-croûte (m) | 130 |
| 도어, 문 | porte (f) | 37 |
| 도어맨 | portier (m) | 126 |
| 도자기 | poterie (f) / céramique (f) | 53 |
| 도착 | arrivée (f) | 39, 122 |
| 독서 | lecture (f) | 38 |
| 독수리 | aigle (m) | 139 |
| 독신 | célibataire | 21, 134 |
| 돈 | fric (m) | 158 |
| 돌고래 | dauphin (m) | 139 |
| 돌다, 돌리다 | tourner | 37, 125 |
| 돌리다 | faire passer | 114 |
| 돕다 | aider | 114 |
| 돗자리, 매트 | natte (f) | 129 |
| 동 | cuivre (m) | 53 |
| 동거 | concubinage (m) | 21 |
| 동료 | collègue | 133 |
| 동료, 친구 | bande de copains(ines) | 23 |
| 동맹 파업 | grève (f) | 37 |
| 동물원 | zoo (m) | 138 |
| 동상 | statue (f) | 35 |
| 돼지고기 | porc (m) | 116 |
| 두 배 더 | deux fois plus | 153 |
| 두 번째의 | deuxième | 153 |
| 두근거림 | battement de coeur (m) | 148 |
| 두통 | maux de tête (m.pl.) | 148 |
| 둑, 방파제 | digue (f) | 129 |
| 둥근 시골빵 | boule (f) | 95 |
| 뒤의 | derrière | 73 |

| 한국어 | 프랑스어 | 페이지 |
|---|---|---|
| 뒤집개 | spatule (f) | 54 |
| 뒤집다 | tourner | 112 |
| 뒤집어 말하는 은어 | verlan (m) | 159 |
| 뒤쪽의 | derrière | 83 |
| 드라이플라워 | fleurs séchées (f.pl.) | 86 |
| 드러내지 않는 | renfermé(e) | 151 |
| 드레스코드 | tenue exigée (f) | 97 |
| 드레싱 | vinaigrette (f) | 109, 114 |
| 들어가다 | entrer | 97 |
| 들여다보는 구멍, 스파이홀 | judas (m) | 145 |
| 등대 | phare (m) | 129 |
| 등산 | randonnée en montagne (f) | 130 |
| 등심 | entrecôte (f) | 116 |
| 등심살 | faux-filet (m) | 116 |
| 디스플레이, 장식 | décor (m) | 62 |
| 디자인 | design (m) | 84 |
| 디저트 | dessert (m) | 101, 104 |
| 디지털 카메라 | appareil photo numérique (m) | 147 |
| 따뜻한 전채 | entrée chaude (f) | 102 |
| 따라가다 | suivre | 97 |
| 따르다 | servir | 103 |
| 딱 붙는 | cintré(e) | 68 |
| 딱따구리 | pivert (m) | 139 |
| 딱딱한 | dur(e) | 94 |
| 떠나다 | partir | 93 |
| 똑딱 머리핀 | barrette (f) | 49 |
| 똑딱단추 | bouton-pression (m) | 67 |
| (와인병) 뚜껑 | bouchon (m) | 52 |
| (냄비) 뚜껑 | couvercle (m) | 55 |
| 뚜껑이 있는 양수 냄비 | faitout (m) | 55 |
| 뛰다 | courir | 89 |
| 뜨개바늘 | aiguille à tricoter (f) | 87 |
| 뜨개질 | tricot (m) | 87 |
| 뜨거운 | chaud(e) | 105 |
| 뜨다 | tricoter | 87 |

## ㄹ

| 한국어 | 프랑스어 | 페이지 |
|---|---|---|
| 라따뚜이 | ratatouille (f) | 102 |
| 라벨 | étiquette (f) | 97, 103 |
| 라이프 스타일 | mode de vie (m) | 24 |
| 라임 | citron vert (m) | 107 |
| 라즈베리, 산딸기 | framboise (f) | 107 |
| 랜드마크 | repère (m) | 28 |
| 랜턴 | lanterne (f) | 131 |
| 램프(비행기) | lumière (f) | 123 |
| 램프 | lampe (f) | 146 |
| 러브스토리 | histoire d'amour (f) | 82 |
| 러시아워 | heure de pointe (f) | 38 |
| 러시아워 | heures d'affluence (f.pl.) | 154 |
| 레몬 | citron (m) | 107 |
| 레스토랑 | restaurant (m) | 31, 96, 97 |
| 레이스 | dentelle (f) | 50 |
| 렌터카 | voiture de location | 124 |
| ~로 맛을 낸 | assaisonné(e)~ | 100 |
| 로맨틱한 | romantique | 21 |
| 로비 | hall (m) | 122 |
| 로비 | lobby (m) | 126 |
| 로크포르 | Roquefort (m) | 105 |
| 롱코트 | manteau long (m) | 64 |
| 룸서비스 | room service (m) | 127 |
| 르블로숑 | Reblochon (m) | 105 |
| ~를 곁들인 | accompagné(e)~ | 100 |
| 리무버 | dissolvant (m) | 74 |
| 리본 | ruban (m) | 50 |
| 리스 | couronne (f) | 86 |
| 린네르 제품 | linge (m) | 50 |
| 린스 | aprè-sshampoing (m) | 75 |
| 립스틱 | rouge à lèvres (m) | 74 |
| 립밤 | baume à lèvres (m) | 75 |
| 링거 | perfusion (f) | 149 |

# ㅁ

| | | |
|---|---|---|
| 마 lin (m) | 69 | |
| 마늘 으깨기 presse-ail (m) | 55 | |
| 마담 Madame (f) | 58 | |
| 마드모아젤 Mademoiselle (f) | 58 | |
| 마들렌 madeleine (f) | 104 | |
| 마른, 건조한 sec(èche) | 115 | |
| 마사지 massage (m) | 70 | |
| 마스카라 mascara (m) | 74 | |
| 마요네즈 mayonnaise (f) | 109 | |
| 마을 village (m) | 130 | |
| 마음 coeur (m) | 18 | |
| 마지막 주문 dernier service (m) | 99 | |
| 마취 anesthésie (f) | 149 | |
| 마카롱 macaron (m) | 104 | |
| 마타리 상추 mâche (f) | 106 | |
| 막 rideau (m) | 83 | |
| 만나다(알게되다) rencontrer | 133 | |
| 만나다(보다) se voir | 135 | |
| 만날 약속 rendez-vous (m) | 135 | |
| 만남 rencontre (f) | 23 | |
| 만남의 약속 rendez-vous (m) | 92 | |
| 만년필 stylo à encre (m) | 52 | |
| 만든 음식 traiteur (m) | 108 | |
| 만화 bande-dessinée (f) | 147 | |
| 많은 beaucoup | 101 | |
| 많은 사람 foule (f) | 39 | |
| 많은 사람들 beaucoup de monde | 133 | |
| 말 cheval (m) | 138 | |
| 말을 걸다, 부르다 adresser la parole | 38 | |
| 맑다 Il fait beau | 157 | |
| 망설이다 hésiter | 54, 75 | |
| 맡기다 confier | 122 | |
| 매입합니다 achat (m) | 46 | |
| 매장 rayon (m) | 63 | |
| 매점 boutique (f) | 81 | |

| | | |
|---|---|---|
| 매트 tapis (m) | 111, 130 | |
| 매트리스 matelas (m) | 146 | |
| 맥주 bière (f) | 105 | |
| 맨션, 아파트 appartement (m) | 145 | |
| 머리 tête (f) | 117, 150 | |
| 머리가 이상한 사람 ouf (m) | 159 | |
| 머리카락, 모발 cheveux (m.pl.) | 72 | |
| 머스터드 moutarde (f) | 109 | |
| 머플러 écharpe (f) | 49 | |
| 멋있는, 세련된 chic | 16 | |
| 멋진 cool | 17, 72 | |
| 멋진 excellent(e) | 82 | |
| 멍청한 imbécile | 151 | |
| 메뉴판 carte (f) | 101 | |
| 매니큐어 verni à ongles (m) | 74 | |
| 메이크업베이스 base (f) | 74 | |
| 멜론 melon (m) | 107 | |
| 면 coton (m) | 69 | |
| 면허증 permis de conduire (m) | 124 | |
| 모공 pore (m) | 71 | |
| 모닝콜 réveil (m) | 127 | |
| 모델 mannequin (m) | 33 | |
| 모듬 치즈 assiette de fromages (f) | 105 | |
| 모래 sable (m) | 128 | |
| (공원의) 모래 사장 bac à sable (m) | 137 | |
| 모레 après-demain | 156 | |
| 모사 reproduction (f) | 81 | |
| 모자 chapeau (m) | 48 | |
| 모질 type de cheveux (m) | 73 | |
| 모피 fourrure (f) | 69 | |
| 목 cou (m) | 150 | |
| 목걸이 collier (m) | 49 | |
| 목구멍 gorge (f) | 150 | |
| 목덜미 nuque (f) | 73 | |
| 목요일 jeudi | 156 | |
| 목욕 가운 peignoir (m) | 70 | |
| 목욕탕 salle de bain (f) | 147 | |

| | | |
|---|---|---|
| 목초지 prairie (f) | 131 | |
| 몸 corps (m) | 18, 71, 150 | |
| 묘지 cimetière (m) | 29 | |
| 무겁게 lourd(e) | 73 | |
| 무늬 motif (m) | 63 | |
| 무대 scène (f) | 84 | |
| 무례한 impoli€ | 151 | |
| 무슈 Monsieur (m) | 58 | |
| 무알콜 sans alcool | 101 | |
| 무지 uni(e) | 63 | |
| 묶다 nouer | 57 | |
| 문 porte (f) | 41, 110, 144, 145 | |
| 문고리 poignée (f) | 50 | |
| 문구 papeterie (f) | 52 | |
| 문손잡이 poignée (f) | 37, 55, 145 | |
| 문지르다 gratter | 115 | |
| 문학 littérature (f) | 85 | |
| 묻다 demander | 58, 97 | |
| 물개 otarie (f) | 139 | |
| 물기를 빼다 égoutter | 112 | |
| (벌레에) 물리다 se faire piquer (f) | 149 | |
| 물방울무늬 à pois (m.pl.) | 63 | |
| 미니 바 mini-bar (m) | 127 | |
| 미술 beaux-arts (m.pl.) | 84 | |
| 미술품 oeuvre d'art (f) | 80 | |
| 미용사 coiffeur(se) | 72 | |
| 미의식 esthétique (f) | 24 | |
| 미터 compteur (m) | 41 | |
| 믹서 mixeur (m) | 110 | |
| 민물고기 poisson de rivière (m) | 117 | |
| 민소매 sans manche | 68 | |
| 밀 blé (m) | 95 | |
| 밀기울빵 pain au son (m) | 95 | |
| 밀다 pousser | 36 | |
| 밀짚모자 chapeau de paille (m) | 129 | |

## ㅂ

| | |
|---|---|
| 바(bar) tourniquet (m) | 36 |
| 바게트 baguette (f) | 94 |
| 바구니 panier (m) | 50, 106 |
| 바나나 banane (f) | 107 |
| 바느질 couture (f) | 87 |
| 바늘 aiguille (f) | 87 |
| 바다 mer (f) | 128 |
| 바다표범 phoque (m) | 139 |
| 바닥 sol (m) | 145 |
| 바디클렌저 gel douche (m) | 75 |
| 바람 분다 Il y a du vent | 157 |
| 바르다 tartiner | 115 |
| 바삭바삭 croustillant(e) | 94 |
| 바이올린 violon (m) | 38 |
| 바지 pantalon (m) | 64, 67 |
| 바지를 올리다 remonter son pantalon | 67 |
| 바지를 입다 mettre son pantalon | 67 |
| 바코드 code-barres (m) | 109 |
| 박쥐 chauve-souris (f) | 139 |
| 반 시간(30분) demi heure (f) | 155 |
| 반소매 manches courtes (f.pl.) | 68 |
| 반죽 pâte (f) | 95 |
| 반지 bague (f) | 49 |
| 받다 recevoir | 114 |
| 발 pied (m) | 150 |
| 발레 슈즈 chaussons de danse (m.pl.) | 65 |
| 발효하다 fermenter | 95 |
| (색깔이) 밝은 clair(e) | 73, 127 |
| (성격이) 밝은 gai(e) | 151 |
| 밥솥 cuiseur de riz (m) | 110 |
| 방 chambre (f) | 127 |
| 방 번호 numéro de chambre (m) | 127 |
| 방면 direction (f) | 37 |
| 방향지시등 clignotant (m) | 125 |
| 밭 champ (m) | 131 |

| | | | |
|---|---|---|---|
| (과일) 배  poire (f) | 107 | 병따개  décapsuleur (m) | 55 |
| (바다의) 배  bateau (m) | 129 | 병원  hôpital (m) | 148 |
| (신체의) 배  ventre (m) | 150 | 보관  conservation (f) | 115 |
| 배달  livraison (f) | 57, 108 | 보관소  vestiaire (m) | 80 |
| 배드민턴  badminton (m) | 137 | 보내다  envoyer | 57 |
| 배송료  frais de livraison (m.pl.) | 57 | 보다  regarder | 48 |
| 배우  acteur (m) | 83 | 보다 잘 살다  vivre mieux | 24 |
| 백미러  rétroviseur (m) | 125 | 보도  trottoir (m) | 35, 125 |
| 백화점  grand magasin (m) | 31 | 보온 용기  thermos (m) | 130 |
| 뱀  serpent (m) | 138 | 보조 의자  strapontin (m) | 38 |
| 뱀장어  anguille (f) | 117 | 보증금  caution (f) | 124 |
| 버리다  jeter | 115 | 보험  assurance (f) | 124 |
| 버뮤다팬츠  bermuda (m) | 64 | 복도  couloir (m) | 145 |
| 버스  bus (m) | 40 | 복도, 통로  couloir (m) | 38 |
| 버스 정류장  arrêt de bus (m) | 40 | 복숭아  pêche (f) | 107 |
| 버클  boucle de ceinture (f) | 67 | 복통  maux de ventre (m.pl.) | 148 |
| 버터  beurre (m) | 95, 109, 115 | 볶다  sauter | 112 |
| 버터 칼  couteau à beurre (m) | 56 | 볼, 뺨  joue (f) | 42 |
| 버터 케이스  beurrier (m) | 56 | 볼, 사발  bol (m) | 54 |
| 버튼  bouton (m) | 36, 109 | 볼륨  volume (f) | 73 |
| 번호  numéro (m) | 40 | 봄  printemps (m) | 157 |
| 번화가  quartier animé (m) | 30 | 봉투  enveloppe (f) | 52 |
| 법랑  émail (m) | 53 | (질감이) 부드러운  doux(ce) | 73 |
| 벗기다  éplucher | 113 | (식감이) 부드러운  mou(lle) | 94 |
| 벗다  se déshabiller | 67 | 부르다  appeler | 41, 58, 133 |
| 베개  oreiller (m) | 70, 146 | 부부, 커플  couple (m) | 21 |
| 베란다  balcon (m) | 145 | 부상  blessure (f) | 149 |
| 베레모  béret (m) | 48 | 부엌칼  couteau (m) | 54 |
| 벤 상처  coupure (f) | 149 | 부위  quartiers (m.pl.) | 116 |
| 벤치  banc (m) | 40, 137 | 부츠  bottes (f.pl.) | 65 |
| 벤치 자리  banquette (f) | 93 | 부하 직원  subalterne | 133 |
| 벨트  ceinture (f) | 67 | (  )분 (  ) minutes | 70 |
| 벨트를 매다  boucler sa ceinture | 67 | 분수  fontaine (f) | 34 |
| 벼룩시장  marché aux puces (m) | 46 | 분실물  objet trouvé (m) | 38 |
| 벽  mur (m) | 136, 144 | 분야  domaine (m) | 84 |
| 벽난로  cheminée (f) | 146 | 분위기  atmosphère (f) | 72, 132 |
| 변기  toilettes (f.pl.) | 147 | 분홍  rose | 62 |
| 병  bouteille (f) | 50, 103 | 불성실한  peu sérieux(se) | 151 |

| 한국어 | 프랑스어 | 페이지 |
|---|---|---|
| 불행한 | malheureux(se) | 134 |
| 붓 | pinceau (m) | 87 |
| 붓다 | gonfler | 149 |
| 붓다, 따르다 | servir | 115 |
| 브래지어 | soutien-gorge (m) | 65 |
| 브랜드 | marque (f) | 16, 75 |
| 브레이크 | frein (m) | 125 |
| 브로셔 | brochure (f) | 81 |
| 브로콜리 | brocoli (m) | 106 |
| 브리(치즈) | Brie (m) | 105 |
| 브리오슈 | brioche (f) | 95 |
| 블라우스 | chemisier (m) | 48, 64 |
| 블러셔 | fard à joues (m) | 74 |
| 비가 온다 | Il pleut | 157 |
| 비거주자 | non-résident(e) | 123 |
| 비누 | savon (m) | 75, 147 |
| 비늘 | écaille (f) | 117 |
| 비닐 봉지 | sac (m) | 109 |
| 비상구 | sortie de secours (f) | 83, 123 |
| 비어 있음 | libre | 35 |
| 비자 | visa (m) | 123 |
| 비치발리볼 | beach-volley (m) | 128 |
| 비키니 | bikini (m) | 129 |
| 비행기 | avion (m) | 29, 122 |
| 비흡연자 | non-fumeur | 98 |
| 빈차 | libre | 41 |
| 빈티지 | vintage (m) | 46 |
| 빌딩 | immeuble (m) | 34 |
| (책을) 빌리다 | emprunter | 85 |
| (차를) 빌리다 | louer | 124 |
| 빛남, 광채 | éclat (m) | 18 |
| 빨강 | rouge | 62 |
| 빵 | pain (m) | 94 |
| 빵·케이크 매장 | pâtisserie (f) | 108 |
| 빵집 | boulangerie (f) | 31, 95 |
| 빵틀 | moule (m) | 55 |
| (팔을) 뻗다 | étendre | 66 |
| 뾰루지 | bouton (m) | 71 |
| 뿌리 | racine (f) | 130 |
| 뿌리다 | mettre | 114 |

## ㅅ

| 한국어 | 프랑스어 | 페이지 |
|---|---|---|
| 사고 | accident (m) | 35 |
| 사과 | pomme (f) | 107 |
| 사과하다 | s'excuser | 43 |
| 사다리 | échelle (f) | 85 |
| 사람이 별로 없음 | libre | 39 |
| 사랑 | amour (m) | 21 |
| 사랑의 아픔 | chagrin d'amour (m) | 21 |
| 사례하다 | remercier | 43 |
| 사서 | bibliothécaire | 85 |
| 사슴 | cerf (m) | 138 |
| 사용 중 | occupé(e) | 35 |
| 사이즈 | taille (f) | 69 |
| 사이클링하다 | faire du vélo | 137 |
| 사자 | lion (m) | 138 |
| 사진 | photo (f) | 146 |
| 사진을 찍다 | photographier | 136 |
| 사치 | luxe (m) | 25 |
| ( )산 | origine ( ) | 117 |
| 산 | montagne (f) | 130 |
| 산길 | chemin de montagne (m) | 130 |
| 산지 | origine (f) | 103 |
| 산책하다 | se promener | 136 |
| 살구 | abricot (m) | 107 |
| 삶다 | cuire | 113 |
| 삶의 지혜 | art de vivre | 24 |
| 상사 | chef | 133 |
| 상상하다 | imaginer | 55 |
| 상어 | requin (m) | 139 |
| 상영 | séance (f) | 82 |
| 상자 | boîte (f) | 57 |

| | | | |
|---|---|---|---|
| 상점 boutique (f) | 30, 46 | 선술집 brasserie (f) | 96 |
| 상점가 quartier commerçant (m) | 31 | 선전 포스터 affiche (f) | 37 |
| 상추 laitue (f) | 106 | 선크림 crème solaire (f) | 75 |
| 상태 état (m) | 148 | 설거지하다 faire la vaisselle | 115 |
| 상한 abîmé(e) | 73 | 설명 explication (f) | 80 |
| 새 oiseau (m) | 28 | 설사 diarrhée (f) | 148 |
| 새끼 양 고기 agneau (m) | 116 | 설탕 sucre (m) | 98 |
| 새로운, 새 것인 neuf(ve) | 127 | 섬 île (f) | 129 |
| 색 couleur (f) | 73 | 성격 caractère (m) | 22, 151 |
| 색 구성 composition de couleurs (f) | 86 | 성별 sexe (m) | 23 |
| 색깔, 색상 couleur (f) | 62 | 성실한, 진지한, 착실한 sérieux(se) | 151 |
| 샌드위치 sandwich (m) | 95 | 세 배 더 trois fois plus | 153 |
| 샌들 sandales (f.pl.) | 129 | 세 번째의 troisième | 153 |
| 샐러드 salade (f) | 102, 114 | 세관 douane (f) | 123 |
| 샐러드볼 saladier (m) | 114 | 세련된, 고급의 raffiné(e) | 132 |
| 생각 opinion (f) | 22 | 세면대 lavabo (m) | 147 |
| 생굴 huître (f) | 102 | 세안제 nettoyant (m) | 74 |
| 생리대 serviette hygiénique (f) | 75 | 세일 soldes (f.pl.) | 63 |
| 생선 poisson (m) | 100, 117 | 세제 liquide vaisselle (f) | 110 |
| 생선살 filet (m) | 117 | 섹스하다 faire l'amour | 135 |
| 생수 eau plate (f) | 105 | 센 강 la Seine (f) | 84 |
| 생치즈, 크림 치즈 fromage blanc (m) | 105 | 센 강변 au bord de la Seine | 84 |
| 생활하다 vivre | 24 | 센스 sens (m) | 25 |
| 샤워 douche (f) | 147 | 셀룰라이트 cellulite (f) | 71 |
| 샤워실 딸림 avec douche | 127 | 셔벗 sorbet (m) | 104 |
| 샴푸 shampoing (m) | 75 | 셔츠 chemise (f) | 64 |
| 섀시 châssis (m) | 145 | 셰프 cuisinier(ère) | 99 |
| 서랍 tiroir (m) | 111 | 소고기 boeuf (m) | 116 |
| 서랍장 commode (f) | 146 | 소금 sel (m) | 98 |
| 서재 bureau (m) | 147 | 소금통 salière (f) | 56 |
| 서핑 surf (m) | 128 | 소란스럽게 하다, 떠들다 faire du vacarme | 133 |
| 석류 grenade (f) | 107 | 소매 manches (f.pl.) | 68 |
| 석양 coucher du soleil (m) | 154 | 소매치기 pickpocket (m) | 38 |
| 섞다 mélanger | 113 | 소믈리에 sommelier(ère) | 99 |
| 선 ligne (f) | 37 | 소방서 caserne de pompiers (f) | 30 |
| 선글라스 lunettes de soleil (f.pl.) | 49 | 소시지 saucisse (f) | 116 |
| 선물 cadeau (m) | 57, 132 | 소재 matières (f.pl.) | 53, 69 |
| 선물용 포장 paquet cadeau (m) | 57 | 소쿠리 passoire (f) | 54 |

| 한국어 | 프랑스어 | 페이지 |
|---|---|---|
| 소파 | canapé (m) | 93, 146 |
| 소품 | accessoire (m) | 65 |
| 소화전 | bouche d'incendie (f) | 34 |
| 속 | mie (f) | 94 |
| 속도 | vitesse (f) | 125 |
| 속바지, 팬티 | culotte (f) | 65 |
| 속삭이다 | murmurer | 21 |
| 속옷 | sous-vêtement (m) | 65 |
| 손 | main (f) | 66, 150 |
| 손님 | client(e) | 62 |
| 손목시계 | montre (f) | 65 |
| 손을 들다 | lever la main | 40 |
| 손을 잡다 | se prendre par la main | 135 |
| (후라이팬) 손잡이 | manche (m) | 54 |
| (찻잔) 손잡이 | anse (f) | 56 |
| (봉) 손잡이 | barre (f) | 38 |
| 손질, 케어 | soin (m) | 18 |
| 송어 | truite (f) | 117 |
| 쇠 | fer (m) | 53 |
| 쇼콜라 | pain au chocolat (m) | 94 |
| 쇼핑 | courses (f.pl.) | 108 |
| 쇼핑 목록 | liste des courses | 108 |
| 숄 | châle (m) | 49 |
| 숄더백 | sac bandoulière | 65 |
| 숏팬츠 | short (m) | 64 |
| 수, 숫자 | chiffres | 152 |
| 수다스러운 | bavard(e) | 151 |
| 수도 | capitale (f) | 29 |
| 수동 기어 차 | voiture manuelle (f) | 124 |
| 수동의 | manuel(le) | 37 |
| 수상 스키 | ski nautique (m) | 129 |
| 수수한 | sobre | 17, 49 |
| 수영복 | maillot de bain (m) | 128 |
| 수요일 | mercredi | 156 |
| 수족관 | aquarium (m) | 139 |
| 수채화 | aquarelle (f) | 81 |
| 수평선 | horizon (m) | 128 |
| 수하물 | bagage à main (m) | 122 |
| 수혈 | transfusion (f) | 149 |
| 수확한 해 | année de récolte (f) | 103 |
| 숙박하다 | rester | 126 |
| 순대 | boudin (m) | 116 |
| 숨바꼭질하다 | jouer à cache-cache | 137 |
| 술래잡기를 하다 | jouer au chat perché | 137 |
| 숲, 나무 | bois (m) | 28, 130 |
| 숲 | forêt (f) | 130 |
| 쉬(소변) | pipi (m) | 158 |
| 슈크림 | chou à la | 104 |
| 슈퍼마켓 | supermarché (m) | 31, 108 |
| 스낵 과자 | gâteaux apéritifs (m.pl.) | 108 |
| 스노클링 | plongée libre (f) | 128 |
| 스웨이드 | daim (m) | 69 |
| 스웨터 | pull (m) | 48 |
| 스위치 | interrupteur (m) | 145 |
| 스카프 | foulard (m) | 49 |
| 스커트 | jupe (f) | 48, 64 |
| 스케줄 | emploi du temps (m) | 135 |
| 스쿠터 | scooter (m) | 35 |
| 스크린 | écran (m) | 83 |
| 스타일 | style (m) | 16 |
| 스테인레스 | inox (m) | 53 |
| 스트레이트 | droit(e) | 73 |
| 스티커 | autocollant (m) | 109 |
| 스폰지 | éponge (f) | 111, 115, 147 |
| 스푼 | cuillère (f) | 98 |
| 스프 | soupe (f) | 102 |
| 슬리밍 | amincissement (m) | 71 |
| 슬픈 | triste | 83 |
| 시각 | heure (f) | 155 |
| 시간 | temps (m) | 155 |
| 시골 | campagne (f) | 130 |
| 시금치 | épinard (m) | 106 |
| 시냇물, 개울 | ruisseau (m) | 131 |
| 시늉을 하다 | imiter | 92 |
| 시소 | balançoire (f) | 137 |
| 시인 | poète | 32 |

| | |
|---|---|
| 시장 marché (m) | 106 |
| 시청 mairie (f) | 30 |
| 시크한 chic | 86 |
| 시트 drap (m) | 70 |
| 시험하다, 해 보다 essayer | 48 |
| 식기세척기 lave-vaisselle (m) | 110 |
| 식당 salle à manger (f) | 126 |
| 식당에서 직접 만든 fait(e) maison | 95 |
| 식료품 produit alimentaire (m) | 108 |
| 식물 plante (f) | 86 |
| 식빵 pain de mie (m) | 94 |
| 식사 repas (m) | 123 |
| 식전 avant le repas | 149 |
| 식전주 apéritif (m) | 101 |
| 식초 vinaigre (m) | 109 |
| 식탁보 nappe (f) | 99 |
| 식탁을 치우다 débarrasser la table | 115 |
| 식품 alimentation (f) | 19 |
| 식후 après le repas | 149 |
| 식후주 digestif (m) | 101 |
| 신고 déclaration (f) | 123 |
| 신뢰 confiance (f) | 20 |
| 신맛 acidité (f) | 95 |
| 신발 chaussures (f.pl.) | 65 |
| 신발장 boîte à chaussures (f) | 145 |
| 신선 식품 produit frais (m) | 108 |
| 신용카드 carte de crédit (f) | 97 |
| 신을 신다 mettre ses chaussures | 67 |
| 신장 rein (m) | 150 |
| 신품인, 새것인 neuf(ve) | 46 |
| 신호 feu (m) | 34, 125 |
| 신호하다 faire signe | 40, 92 |
| 실 fil (m) | 87 |
| 실루엣 silhouette (f) | 68 |
| 실버 argent | 63 |
| 실업자 chômeur(se) | 33 |
| 실용서 livre pratique (m) | 85 |
| 실크 soie (f) | 69 |

| | |
|---|---|
| 심볼 symbole (m) | 28 |
| 심사 contrôle (m) | 123 |
| 심야 tard dans la nuit | 155 |
| 심야 버스 noctilien | 40 |
| 심장 coeur (m) | 116, 150 |
| 싱글 simple | 127 |
| 싱크대 évier (m) | 110 |
| 싸게 잘 삼 bon marché | 47 |
| 쌀 riz (m) | 113 |
| 썬텐 bronzage (m) | 129 |
| 썰물, 간조 marée basse (f) | 128 |
| 쓰다 écrire | 92 |
| 쓰레기통 poubelle (f) | 35, 110 |
| 씻다 laver | 112, 113 |

## ㅇ

| | |
|---|---|
| 아가미 branchies (f.pl.) | 117 |
| 아로마테라피 aromathéraphie (f) | 19 |
| 아름다움, 미(美) beauté (f) | 18 |
| 아무도 없다 Pas un chat | 141 |
| 아쉬워하다 regretter | 135 |
| 아스파라거스 asperge (f) | 106 |
| 아이 gosse (m) | 158 |
| 아이 방 chambre d'enfant (f) | 147 |
| 아이디어 idée (f) | 16 |
| 아이섀도 fard à paupières (m) | 74 |
| 아이스크림 glace (f) | 101, 104 |
| 아저씨 vieux monsieur | 84, 136 |
| 아침 matin (m) | 154 |
| 아침 일찍 de bon matin | 154 |
| 아침식사 petit déjeuner (m) | 154 |
| 아케이드 passage (m) | 31 |
| 아코디언 accordéon (m) | 38 |
| 아트, 예술 art (m) | 25 |

| 한국어 | 프랑스어 | 페이지 |
|---|---|---|
| 아티초크(엉겅퀴) | artichaut (m) | 106 |
| 아파트 | appartement (m) | 35, 126 |
| 악기 | instrument de musique (m) | 87 |
| 악보 | partition (f) | 87 |
| 악수하다 | se serrer la main | 42 |
| 악어 | crocodile (m) | 139 |
| 안경 | lunettes (f.pl.) | 49 |
| 안내 방송 | annonce (f) | 39 |
| 안내하다 | faire entrer | 97 |
| 안녕! | Salut! | 42 |
| 안녕! | Ciao! | 43 |
| 안녕!(밤 인사) | Bonsoir! | 42 |
| 안녕!(아침, 낮 인사) | Bonjour! | 42 |
| 안녕!(헤어질 때) | Au revoir! | 43 |
| 안락의자 | fauteuil (m) | 146 |
| 안색이 좋은 | bonne mine | 18 |
| 안심 | filet (m) | 116 |
| 안전벨트 | ceinture de sécurité (f) | 125 |
| 앉다 | s'asseoir | 38, 114 |
| ( )알/정 ( ) | comprimé(s) | 149 |
| 알코올 도수 | teneur en alcool (f) | 103 |
| 앞머리 | frange (f) | 73 |
| 앞의 | devant | 73 |
| 앞지르다 | dépasser | 124 |
| 애니메이션 | dessin-animé (m) | 82 |
| 애완동물 | animal domestique (m) | 145 |
| 애플파이 | chausson aux pommes (m) | 94 |
| 액션 | action (f) | 82 |
| 액자 | cadre (m) | 50, 80 |
| 액정 화면 | écran (m) | 52 |
| 앤틱 | antiquité (f) | 46 |
| 약 | médicament (m) | 149 |
| 약국 | pharmacie (f) | 149 |
| 약속하다 | promettre | 135 |
| 약혼 | fiançailles (f.pl.) | 21 |
| 얇게 늘리다 | étendre | 113 |
| 얇게 썰다 | émincer | 112 |
| 양 | quantité (f) | 101 |
| 양(동물) | mouton (m) | 138 |
| 양동이 | seau (m) | 51 |
| 양말 | chaussettes (f.pl.) | 65 |
| 양보하다 | céder le passage | 124 |
| 양송이 | champignon de Paris (m) | 106 |
| 양파 | oignon (m) | 106 |
| 어깨, 어깨 부위 | épaule (f) | 116, 150 |
| 어느 정도?(시간) | Combien de temps? | 59 |
| 어두운 | foncé(e) | 73 |
| 어디까지? | Jusqu'où? | 59 |
| 어른스러운 | adulte | 72 |
| 어제 | hier | 156 |
| 언덕 | colline (f) | 130 |
| 언제까지? | Jusqu'à quand? | 59 |
| 언제부터? | Depuis quand? | 59 |
| 얼굴 | visage (m) | 71, 150 |
| 얼룩말 | zèbre (m) | 138 |
| 얼마? | Combien? | 59 |
| 엉덩이 | fesse (f) | 150 |
| 에나멜 가죽 | cuir verni (m) | 69 |
| 에세이 | essai (m) | 85 |
| 에스카르고(달팽이 요리) | escargot (m) | 102, 116 |
| 에스컬레이터 | escalator (m) | 36 |
| 에티켓 | convenance (f) | 38 |
| 에펠 탑 | Tour Eiffel (f) | 28 |
| 에포와스 | Époisses (m) | 105 |
| 엑스트라 베드(추가용 간이 침대) | lit supplémentaire (m) | 127 |
| 엘리베이터 | ascenseur (m) | 145 |
| 여권 | passeport (m) | 122 |
| 여드름 | acné (f) | 71 |
| 여름 | été (m) | 157 |
| 여성 | femme (f) | 133 |
| 여성 우선 | priorité aux dames (f) | 97 |
| 여성스러운 | féminin(e) | 17, 72 |
| 여성에게 프러포즈하다 | Demander la main d'une femme | 140 |
| 여자친구 | copine | 134 |
| 여자애 | nana (f) | 158 |

| 한국어 | 프랑스어 | 쪽 |
|---|---|---|
| 여행자 | touriste (m) | 32 |
| 역(철도) | gare (f) | 29 |
| 역무원 | guichetier(ère) | 36 |
| 역사가 있는 | historique | 29 |
| 연구 | recherche (f) | 85 |
| 연극 | théâtre (m) | 84 |
| 연못 | étang (m) | 131 |
| 연어 | saumon (m) | 117 |
| 연인 | amoureux(se) | 134 |
| 연장 | prolongation (f) | 70 |
| 연주하다 | jouer | 87 |
| 연필 | crayon (m) | 52 |
| 열 | fièvre (f) | 148 |
| 열, 줄 | file (f) | 83 |
| 열다 | ouvrir | 41 |
| 열람실 | salle de consultation (f) | 85 |
| 열매 | fruit (m) | 130 |
| 열쇠 | clé (f) | 51, 127, 145 |
| 염색하다 | colorer | 73 |
| 염소 | chèvre (f) | 138 |
| 염좌, 삠 | entorse (f) | 149 |
| 엽서 | carte postale (f) | 51 |
| 영수증 | ticket (m) | 92 |
| 영업 시간 | heures d'ouverture (f.pl.) | 62 |
| 영업 중 | ouvert(e) | 62 |
| 영원한 | éternel | 20 |
| 영화 예고 | bande d'annonce (f) | 83 |
| 영화관 | salle de cinéma (f) | 31 |
| 옆의 | côté | 73 |
| 예술적인 | artistique | 29 |
| 예약 | réservation (f) | 96, 126 |
| 예약하다 | réserver | 96 |
| 예의 바른 | poli(e) | 151 |
| 예의, 에티켓 | savoir-vivre (m) | 25 |
| 오늘 | aujourd'hui | 156 |
| 오늘의 요리 | plat du jour (m) | 100 |
| 오래된 지구 | vieux quartier (m) | 28 |
| 오렌지 | orange (f) | 107 |
| 오렌지주스 | jus d'orange (m) | 93 |
| 오른쪽 | côté droit (m) | 83 |
| 오브제 | objet d'art (m) | 80 |
| 오븐 | four (m) | 111 |
| 오솔길 | sentier (m) | 130 |
| 오이 | concombre (m) | 106 |
| 오일 | huile (f) | 70 |
| 오전 | matin (m) | 154 |
| 오징어 | seiche (f) | 117 |
| 오트쿠튀르 | haute couture (f) | 16 |
| 오한 | frisson (m) | 148 |
| 오후 | après-midi | 154 |
| 온천 | source thermale (f) | 18 |
| 올리브유 | huile d'olive (f) | 109 |
| 옮기다, 나르다 | apporter | 114 |
| 옵션 | option (f) | 70 |
| 옷걸이 | cintre (m) | 63 |
| 옷깃 | col (m) | 66 |
| 옷깃을 세우다 | relever son col | 66 |
| 옷장 | garde-robe (f) | 146 |
| ~와 데이트하다 | sortir avec... | 134 |
| ( )와 어울리는 | aller avec ( ) | 17 |
| 와이퍼 | essuie-glace (m) | 125 |
| 와인 | vin (m) | 103 |
| 와인 오프너 | tire-bouchon (m) | 55 |
| 왜건 | table roulante (f) | 111 |
| 외관 | extérieur (m) | 144 |
| 외국인 | étranger(ère) | 32 |
| 외국제 | produit étranger (m) | 75 |
| 외롭다 | Je me sens seul(e) | 134 |
| 왼쪽 | côté gauche (m) | 83 |
| (교통) 요금 | prix (m) | 41 |
| (서비스) 요금 | tarif (m) | 70 |
| 요리 | cuisine (f) | 101 |
| 요리 이름 | nom de plat (m) | 101 |
| 요리사 | cuisinier(ère) | 33 |
| 요리용 장갑 | manique (f) | 54 |
| 요리용 타이머 | minuteur (m) | 55 |

| | | |
|---|---|---|
| (행선지를) 요청하다 demander | 41 | |
| 요트 yacht (m) | 129 | |
| 욕조 baignoire (f) | 147 | |
| 욕조 딸림 avec baignoire | 127 | |
| 용기 récipient (m) | 115 | |
| 용량 quantité (f) | 103 | |
| 우산 parapluie (m) | 65 | |
| 우선석 place prioritaire (f) | 38 | |
| 우아한 élégant(e) | 17 | |
| 우애 fraternité (f) | 22 | |
| 우유 lait (m) | 95, 115 | |
| 우정 amitié (f) | 23 | |
| 우체국 poste (f) | 30 | |
| 우체통 boîte postale (f) | 30 | |
| 우편배달원 facteur (m) | 32 | |
| 우편함 boîte aux lettres (f) | 144 | |
| 우표 timbre (m) | 52 | |
| 우회전하다 tourner à droite | 125 | |
| 운반하다 transporter | 57 | |
| 운전하다 conduire | 124 | |
| 운하 canal (m) | 29 | |
| (큰) 울타리 grille (f) | 137 | |
| (작은) 울타리 clôture (f) | 144 | |
| 웃다 rire | 133 | |
| 원목 bois (m) | 53 | |
| 원숭이 singe (m) | 138 | |
| 원피스 robe (f) | 48 | |
| 월(month) mois (m) | 156 | |
| 월요일 lundi | 156 | |
| 웨이터 garçon de café (m) | 33 | |
| 웨이터 garçon (m) | 93 | |
| 웨이터 serveur (m) | 99 | |
| 위 estomac (m) | 150 | |
| 위엄 prestance (f) | 17 | |
| 윙크하다 clin d'œil (m) | 42 | |
| 유대감, 친밀함 affinités (f) | 22 | |
| 유리 verre (m) | 53 | |
| 유리창 vitre (f) | 145 | |
| 유모차 poussette (f) | 51 | |
| 유스호스텔 auberge de jeunesse (f) | 126 | |
| 유액 lait (m) | 74 | |
| 유제품 produit laitier (m) | 108 | |
| 유쾌한, 기분 좋은 agréable | 133 | |
| 유행 tendance (f) | 16 | |
| 은 argent (m) | 53 | |
| 은어 argot | 158 | |
| 은행 banque (f) | 30 | |
| ~을 바람맞히다 poser un lapin à ~ | 135 | |
| 음료 boisson (f) | 101, 105 | |
| 음식물 찌꺼기 ordure (f) | 115 | |
| 음악 La zic | 159 | |
| 의류 vêtement (m) | 108 | |
| 의사 médecin (m) | 148 | |
| 의상 costume (m) | 82 | |
| 의외의 발견(물) trouvaille (f) | 47 | |
| 의자 chaise (f) | 98 | |
| 이 무슨 지독한 날씨란 말인가! Quel temps de chien! | 141 | |
| 이 식당의 명물 요리 spécialité maison (f) | 100 | |
| 이달 ce mois | 156 | |
| 이름 nom (m) | 96 | |
| 이메일 courriel (m) | 147 | |
| 이상하네 C'est zarbi | 159 | |
| 이웃 voisin(e) | 145 | |
| 이젤 chevalet (m) | 87 | |
| 이혼 divorce (m) | 21 | |
| 익히다, 삶다 cuire | 112 | |
| 익히지 않은 햄 jambon cru (m) | 102 | |
| 인구 population (f) | 29 | |
| ( )인분 pour ( ) personne(s) | 101 | |
| 인사, 소개 présentation (f) | 133 | |
| 인사하다 se saluer | 42 | |
| 인상 impression (f) | 23 | |
| 인색한 avare | 151 | |
| 인생 vie (f) | 24 | |
| 인생을 즐기는 사람 bon(ne) vivant(e) | 24 | |
| 인생의 반려 âme soeur | 20 | |

| 한국어 | 프랑스어 | 페이지 |
|---|---|---|
| 인쇄하다 | imprimer | 109 |
| 인터넷 | internet (m) | 147 |
| 인터폰 | interphone (m) | 144 |
| 인테리어 | décor (m) | 146 |
| 인형 | poupée (f) | 50 |
| 일(day) | jour (m) | 156 |
| 일, 업무 | travail (m) | 154 |
| 일상생활 | vie quotidienne (f) | 25 |
| 일요일 | dimanche | 156 |
| 일용잡화 | produit d'entretien (m) | 108 |
| 입 | bouche (f) | 150 |
| 입구 | entrée (f) | 36, 80 |
| 입국 카드 | carte de débarquement (f) | 123 |
| 입욕제 | huile de bain (f) | 75 |
| 입을 닦다 | s'essuyer les lèvres | 115 |
| 입장 | entrée (f) | 82 |
| 입장권 | billet (m) | 80 |
| 입장료 | tarif (m) | 80 |
| 잉크 | encre (f) | 52 |
| 잉크 흡수지 | buvard (m) | 51 |
| 잎 | feuille (f) | 130 |

## ㅈ

| 한국어 | 프랑스어 | 페이지 |
|---|---|---|
| 자 | règle (f) | 52 |
| 자다 | dormir | 70 |
| 자동차 | voiture (f) | 34 |
| 자동차 | voiture (f) | 124 |
| 자동판매기 | guichet automatique (m) | 36 |
| 자러 가다 | aller se coucher | 155 |
| (생선을) 자르다 | couper | 117 |
| 자르다 | couper | 112 |
| 자리에 앉다 | s'asseoir | 97 |
| 자막 | sous-titres (m.pl.) | 83 |
| 자명종 | réveil (m) | 146 |
| 자몽 | pamplemousse (m) | 107 |
| 자물쇠 | serrure (f) | 145 |
| 자수 | broderie (f) | 87 |
| 자수틀 | métier à broder (m) | 87 |
| 자연 | nature (f) | 130 |
| 자유 | liberté (f) | 22 |
| 자전거 | vélo (m)·bicyclette (f) | 35, 50, 137 |
| 작가 | écrivain (m) | 33 |
| 작은 | petit(e) | 69 |
| 작은 타르트 | tartelette (f) | 104 |
| 작은 테이블 | tablette (f) | 123 |
| 작은 프라이팬 | sauteuse (f) | 54 |
| 작품 | oeuvre (f) | 80 |
| 잔디 | gazon (m) | 136, 144 |
| 잘게 썰다 | hacher | 112 |
| (단추를) 잠그다 | boutonner | 66 |
| 잠들다 | s'endormir | 70 |
| 잡담 | bavardages (m.pl.) | 132 |
| 잡동사니·골동품 시장 | brocante (f) | 46 |
| 잡지 | magazine (m) | 85 |
| 잡화 | objets divers (m.pl.) | 50 |
| 장 | intestin (m) | 150 |
| 장갑 | gants (m.pl.) | 65 |
| 장난감 | jouet (m) | 147 |
| 장소 | endroit (m) | 41 |
| 재고 | stock (m) | 63 |
| 재떨이 | cendrier (m) | 50 |
| 재미있는 | amusant(e) | 83 |
| 재채기 | éternuement (m) | 148 |
| 재킷 | veste (f) | 64 |
| 잼 | confiture (f) | 115 |
| 쟁반 | plateau (m) | 56 |
| 저금통 | tirelire (f) | 51 |
| 저녁, 밤 | soirée (f) | 155 |
| 저녁식사, 석식 | dîner (m) | 98, 155 |
| 저울 | balance (f) | 106, 109 |
| 저자 | auteur (m) | 85 |
| 적은 | peu | 101 |

| 한국어 | 프랑스어 | 페이지 |
|---|---|---|
| 전광게시판 | tableau d'affichage (m) | 122 |
| 전기 스탠드 | lampe (f) | 147 |
| 전기레인지 | plaques chauffantes (f.pl.) | 111 |
| 전망대 | belvédère (m) | 131 |
| 전문 | spécialité (f) | 84 |
| 전방 | avant (m) | 41 |
| 전방의, 앞쪽의 | devant | 83 |
| 전시회 | exposition (f) | 80 |
| 전자레인지 | four à micro-ondes (m) | 110 |
| 전채 | entrée (f) | 100, 102 |
| 전화 | téléphone (m) | 96 |
| 젊어 보이는 | jeune | 72 |
| 젊은이 | jeunes gens | 137 |
| 점심식사, 중식 | déjeuner (m) | 98, 154 |
| 점원 | vendeur(se) | 33, 62 |
| 점주, 가게 주인 | propriétaire | 47 |
| 점프하다 | sauter | 36 |
| 접객 책임자 | concierge | 126 |
| 접시 | assiette (f) | 56, 98, 114 |
| 접착 테이프 | ruban adhésif (m) | 57 |
| 젓다 | battre | 113 |
| 정기 휴일, 준비 중 | fermé(e) | 99 |
| 정기권 | carte orange (f) | 36 |
| 정년퇴직자 | retraité(e) | 32 |
| 정류장 이름 | nom d'arrêt de bus (m) | 40 |
| 정열 | passion (f) | 20 |
| 정원 | jardin (m) | 144 |
| 정직한 | honnête | 151 |
| 정차 | arrêt de train (m) | 39 |
| 정차하다 | s'arrêter | 124 |
| 정책 | politique (f) | 24 |
| 정통하다 | connaître | 25 |
| 정확히 | pile | 155 |
| 젖어 있다 | mouillé(e) | 115 |
| 제모 | épilation (f) | 71 |
| 제목 | titre (m) | 85 |
| 제빵사 | boulanger(ère) | 95 |
| 제스처 | geste (m) | 132 |
| 제시간에 | à l'heure | 135 |
| 제시하다 | montrer | 80 |
| 조각 | sculpture (f) | 80 |
| 조개껍질 | coquillage (m) | 129 |
| 조금 | un peu | 72 |
| 조깅 | footing (m) | 136 |
| 조리 도구 | ustensiles de cuisine (m.pl.) | 111 |
| 조리대(약한 불로 익히다) | mijoter | 112 |
| 조리대 | plan de travail (m) | 111 |
| 조미료 | assaisonnement (m) | 109 |
| 조식 포함 | petit-déjeuner compris | 127 |
| 조용한 | calme | 127 |
| 조종사 | pilote (m) | 122 |
| 조종석 | cockpit (m) | 122 |
| 좁은 | étroit(e) | 68 |
| 종이 | papier (m) | 53 |
| 종점 | terminus (m) | 37 |
| 좋은 | bien | 82 |
| 좋지 않은 | pas bien | 82 |
| (극장) 좌석 | place (f) | 83, 96 |
| 좌석 | banquette (f) | 38 |
| (비행기) 좌석 | siège (m) | 123 |
| 좌회전하다 | tourner à gauche | 125 |
| 주 | semaine (f) | 156 |
| 주름 | rides (f.pl.) | 71 |
| 주말 | week-end (m) | 156 |
| 주머니, 봉지 | sac (m) | 106 |
| 주문 | commande (f) | 97 |
| 주민 | habitant(e) | 145 |
| 주방, 부엌 | cuisine (f) | 99, 110 |
| 주방용 저울 | balance de cuisine (f) | 55 |
| 주부 | femme au foyer (f) | 33 |
| 주빈 | invité principal | 132 |
| 주사 | injection (f) | 149 |
| 주스 | jus de fruit (m) | 105 |
| 주요리 | plat (m) | 100, 102 |
| 주의 | attention | 37 |
| 주인공 | personnage principal (m) | 83 |

| 한국어 | 프랑스어 | 페이지 |
|---|---|---|
| 주전자 | bouilloire (f) | 54 |
| 주중 | dans la semaine | 156 |
| 주차 | stationnement (m) | 124 |
| 주차하다 | garer | 124 |
| 주최하다 | organiser | 132 |
| 주황 | orange | 63 |
| 준비 중, 폐점 | fermé(e) | 62 |
| 줄 | queue (f) | 40 |
| 줄기, 몸체 | tronc (m) | 130 |
| 줄무늬 | à rayures (f.pl.) | 63 |
| 중고 | occasion (f) | 46 |
| 중심지 | centre-ville (m) | 28 |
| 중정, 안마당 | cour (f) | 145 |
| 즐거운 | amusant(e) | 133 |
| 즐거움 | plaisir (m) | 25 |
| 즐기다 | s'amuser | 53 |
| 증상 | symptôme (m) | 148 |
| 지각 | retard (m) | 154 |
| 지구 | quartier (m) | 28 |
| 지난 달 | le mois dernier | 156 |
| 지도 | plan (m) | 40, 84 |
| 지루한 | ennuyeux(se) | 83 |
| 지방 | graisse (f) | 71 |
| 지불하다 | payer | 92, 97 |
| 지붕 | toit (m) | 144 |
| 지우개 | gomme (f) | 52 |
| 지인 | connaissance (f) | 133 |
| 지저분한 | sale | 110 |
| 지적인 | intelligent(e) | 151 |
| 지퍼 | fermeture éclair (f) | 67 |
| 지퍼를 닫다 | fermer sa fermeture éclair | 67 |
| 지하 | sous-sol (m) | 153 |
| 지하철 역 | station (f) | 37 |
| 직진하다 | aller tout droit | 125 |
| 진단서 | certificat médical (m) | 148 |
| 진료 | consultation (f) | 148 |
| 진행 방향 | direction (f) | 80 |
| 질투심 많은 여자 | Jalouse comme une tigresse | 141 |

| 한국어 | 프랑스어 | 페이지 |
|---|---|---|
| (작은) 짐 | affaires (f.pl.) | 81 |
| (큰) 짐 | bagage (m) | 127 |
| 짐 보관소 | bagagerie (f) | 126 |
| 집 | maison (f) | 144 |
| (집까지) 데려다주다 | raccompagner | 135 |
| 집세 | loyer (m) | 145 |
| 짓궂은 | méchant(e) | 151 |
| 짧은 | court(e) | 68, 72 |
| 짧은 머리 | cheveux courts | 72 |
| 짧은 바게트 | bâtard (m) | 94 |
| 쯤, 약 | environ | 155 |
| 찌다 | cuire à la vapeur | 113 |
| 찢다 | déchirer | 93 |

## ㅊ

| 한국어 | 프랑스어 | 페이지 |
|---|---|---|
| 차 | thé (m) | 93 |
| 차가운 | glacé(e) | 105 |
| 차가운 전채 | entrée froide (f) | 102 |
| 차고 | garage (m) | 144 |
| (발로) 차다 | frapper | 137 |
| 차도 | chaussée (f) | 35 |
| 차량 | wagon (m) | 39 |
| (식탁을) 차리다 | préparer | 114 |
| 차선 | voie (f) | 125 |
| 찬장 | buffet (m) | 110 |
| 참새 | moineau (m) | 139 |
| 참치, 다랑어 | thon (m) | 117 |
| 찻잔 | tasse à thé (f) | 56 |
| 찻집 | salon de thé (m) | 96 |
| 창(문) | fenêtre (f) | 35, 145 |
| 창가쪽 | côté hublot (m) | 123 |
| 창고 | débarras (m) | 144 |
| 창구 | guichet (m) | 36 |
| 창살, 격자 | grille (f) | 35 |

| 한국어 | 프랑스어 | 페이지 |
|---|---|---|
| 찾다 | chercher | 75 |
| 채소 | légume (m) | 106 |
| 책 | livre (m) | 84 |
| 책가방 | cartable (m) | 147 |
| 책상 | bureau (m) | 147 |
| 책장 | bibliothèque (f) | 85 |
| 처방전 | ordonnance (f) | 149 |
| 천 | tissu (m) | 87 |
| 천도복숭아 | nectarine (f) | 107 |
| 천박한 | vulgaire | 151 |
| 천연 효모 | levain (m) | 95 |
| 천장 | plafond (m) | 145 |
| 천창 | lucarne (f) | 145 |
| 첫 번째의 | premier(ère) | 153 |
| 첫눈에 반함 | coup de foudre (m) | 133 |
| 첫인상 | première impression (f) | 133 |
| 청바지 | jean (m) | 48 |
| 청소원 | balayeur (m) | 32 |
| 체리 | cerise (f) | 107 |
| 체스 | jeu d'échecs (m) | 136 |
| 체중계 | balance (f) | 147 |
| 체크무늬 | à carreaux (m.pl.) | 63 |
| 체크인 | enregistrement (m) | 122, 126 |
| 초대하다, 권하다 | inviter | 135 |
| 초록 | vert(e) | 62 |
| 초원 | pré (m) | 131 |
| 초콜릿 케이크 | gâteau au chocolat (m) | 104 |
| 촉촉한 | hydraté(e) | 71 |
| 촛대 | chandelier (m) | 51 |
| 촬영 금지 | interdit de photographier | 81 |
| 추가 요금 | supplément (m) | 126 |
| 추천 | suggestion (f) | 97 |
| 축구 | football (m) | 137 |
| 출구 | sortie (f) | 39, 80, 81 |
| 출근하다 | aller au travail | 154 |
| 출발 | départ (m) | 39, 122 |
| 출발 신호 | signal sonore (m) | 39 |
| 출발하다, 시동을 걸다 | démarrer | 124 |
| 출신 | origine (f) | 22 |
| 출입금지 | interdit au public | 81 |
| 출판사 | maison d'édition (f) | 85 |
| 춤추다 | danser | 133 |
| 충족, 만족 | satisfaction (f) | 18 |
| 취미 | goût (m) | 22 |
| 취하다 | se soûler | 133 |
| 치료 | soin (m) | 149 |
| 치아 | dent (f) | 150 |
| 치약 | dentifrice (m) | 75 |
| 치즈 | fromage (m) | 105 |
| 칙칙한 | terne | 71 |
| 친구(주로 남자) | pote (m) | 158 |
| 친구 | ami(e) | 133 |
| 친절한, 상냥한 | gentil(le) | 151 |
| 칠면조 | dinde (f) | 116 |
| 침낭 | sac de couchage (m) | 131 |
| 침대 | lit (m) | 70, 146 |
| 침실 | chambre à coucher (f) | 146 |
| 칫솔 | brosse à dents (f) | 75 |
| 칭찬하다, 승인하다 | approuver | 103 |

## ㅋ

| 한국어 | 프랑스어 | 페이지 |
|---|---|---|
| 카디건 | gilet (m) | 48 |
| 카메라 | appareil photo (m) | 50, 136 |
| 카운터 | comptoir (m) | 93, 122 |
| 카탈로그 | catalogue (m) | 81 |
| 카트 | chariot (m) | 108 |
| 카페 | café (m) | 31, 92, 96 |
| 카페라떼 | café crème (m) | 93 |
| 카페오레 볼 | bol (m) | 56 |
| 카펫 | moquette (f) | 146 |
| 칵테일 | cocktail (m) | 105 |
| 캐니스터, (커피 등의) 보관 용기 | pot à épice (m) | 55 |

| 한국어 | 프랑스어 | 페이지 |
|---|---|---|
| 캐리어 | valise (f) | 122 |
| 캐미솔 | caraco (m) | 65 |
| 캐비어 | caviar (m) | 117 |
| 캐스팅 | casting (m) | 82 |
| 캐주얼한 | décontracté(e) | 17, 97, 132 |
| 캔버스 | toile (f) | 87 |
| 캠프 | camping (m) | 131 |
| 캠프파이어 | feu de camp (m) | 131 |
| 캠핑장 | terrain de camping (m) | 131 |
| 캠핑카 | camping-car (m) | 131 |
| 커뮤니케이션 | communication (f) | 22 |
| 커터 | cutter (m) | 52 |
| 커트 | coupe (f) | 72 |
| 커튼 | rideau (m) | 93 |
| 커플, 부부 | couple (m) | 134 |
| 커피 | café (m) | 93 |
| 커피 밀, 커피 분쇄기 | moulin à café (m) | 54 |
| 커피메이커 | machine à café (f) | 110 |
| 커피잔 | tasse à café (f) | 56 |
| 컨디션, 상태 | état (m) | 46 |
| 컴퓨터 | ordinateur (m) | 147 |
| (도자기) 컵 | tasse (f) | 56 |
| (유리) 컵 | verre (m) | 115 |
| 컵받침 | soucoupe (f) | 56 |
| 케이블카 | funiculaire (m) | 131 |
| 케이스 | boîte (f) | 51 |
| 케이크 | gâteau (m) | 101, 104 |
| 케이크 가게 | pâtisserie (f) | 31 |
| 케첩 | ketchup (m) | 109 |
| 코 | nez (m) | 150 |
| 코끼리 | éléphant (m) | 138 |
| 코르크 | bouchon (m) | 103 |
| 코미디 | comédie (f) | 82 |
| 코뿔소 | rhinocéros (m) | 138 |
| 코스 | forfait (m) | 70 |
| 코스 메뉴 | menu (m) | 101 |
| 코스터, 컵받침 | sous-verre (m) | 93 |
| 코코넛 | noix de coco (f) | 107 |
| 코트 | manteau (m) | 64 |
| 콘돔 | préservatif (m) | 75 |
| 콩테 | Comté (m) | 105 |
| 쾌적 | confort (m) | 25 |
| 쿠션 | coussin (m) | 146 |
| 퀄리티 | qualité (f) | 25 |
| 큐레이터 | conservateur(rice) | 80 |
| 크레송(물냉이) | cresson (m) | 106 |
| 크레이프 가게 | crêperie (f) | 96 |
| 크렘브륄레 | crème brûlée (f) | 104 |
| 크로와상 | croissant (m) | 94 |
| 큰 | grand(e) | 69 |
| 큰 소시지 | saucisson (m) | 116 |
| 큰길, 대로 | boulevard (m) | 30 |
| 클렌징 | démaquillant (m) | 74 |
| 키 홀더 | porte-clés (m) | 51 |
| 키보드 | clavier (m) | 147 |
| 키슈 | quiche (f) | 95 |
| (인사) 키스 | bisou (m)·bise (f) | 42 |
| 키스하다 | s'embrasser | 135 |
| 키오스크 | kiosque (m) | 30 |
| 키위 | kiwi (m) | 107 |
| 키친 웨어 | accessoires de cuisine (m.pl.) | 54 |
| (   )킬로그램 | (   ) kilogramme | 106 |

# E

| 한국어 | 프랑스어 | 페이지 |
|---|---|---|
| 타다 | monter | 39, 40 |
| 타다, 눋다 | brûler | 112 |
| 타르트 | tarte (f) | 104 |
| 타박상 | contusion (f) | 149 |
| 타올 | serviette (f) | 147 |
| 탄산수 | eau gazeuse (f) | 105 |
| 탐구 | enquête (f) | 25 |
| 탐폰 | tampon (m) | 75 |

| | | |
|---|---|---|
| 탑승 embarquement (m) | | 122 |
| 태양 soleil (m) | | 128, 154 |
| 택시 타는 곳 station de taxi (f) | | 41 |
| 탱크톱 débardeur (m) | | 64 |
| 터널 tunnel (m) | | 124 |
| 터미널 terminal (m) | | 122 |
| 털모자, 챙 없는 모자 bonnet (m) | | 48 |
| 털실 pelote (f) | | 87 |
| 테라스, 테라스 자리 terrasse (f) | | 92, 96, 144 |
| 테린느 terrine (f) | | 102 |
| 테스터 échantillon (m) | | 75 |
| 테이블 table (f) | | 98 |
| 테이블 세팅을 하다 dresser les tables | | 99 |
| 테이블 웨어 vaisselle (f) | | 56 |
| 테이스팅 dégustation (f) | | 103 |
| 텐트 tente (f) | | 46, 131 |
| 토끼, 토끼고기 lapin (m) | | 102, 116, 138 |
| 토마토 tomate (f) | | 106 |
| 토스터 grille-pain (m) | | 111 |
| 토요일 samedi | | 156 |
| 토트백 cabas (m) | | 49 |
| 통과하다 passer | | 36 |
| 통로 passage (m) | | 108 |
| 통로쪽 côté couloir (m) | | 123 |
| 통조림 conserve (f) | | 108 |
| 튀기다 frire | | 113 |
| 튀김옷 pâte à frire (f) | | 113 |
| 튀김용 거름망 grille à friture (f) | | 113 |
| 튜브 bouée (f) | | 128 |
| 트랜치코트 imperméable (m) | | 64 |
| 트레이너 sweat-shirt (m) | | 64 |
| 트리플 triple | | 127 |
| 트위드 tweed (m) | | 69 |
| 트윈 twin | | 127 |
| 티셔츠 T-shirt (m) | | 64 |
| 티켓, 표 ticket (m) | | 36 |
| 티폿 théière (f) | | 56 |
| 팁 pourboire (m) | | 38, 93, 97 |

## ㅍ

| | | |
|---|---|---|
| 파 poireau (m) | | 106 |
| 파도 vague (f) | | 128 |
| 파라솔 parasol (m) | | 92, 129 |
| 파랑 bleu(e) | | 62 |
| 파르미지아노 Parmesan (m) | | 105 |
| 파리 사람 parisien(ne) | | 32 |
| 파운데이션 fond de teint (m) | | 74 |
| 파인애플 ananas (m) | | 107 |
| 파자마 pyjama (m) | | 146 |
| 파테 pâté (m) | | 102 |
| 파티 fête (f) | | 23, 132 |
| 파티(은어) teuf (f) | | 159 |
| 판다 panda (m) | | 138 |
| 판매원 vendeur(se) | | 75 |
| 판화 gravure (f) | | 84 |
| 팔 bras (m) | | 66 |
| 팔꿈치 coude (m) | | 66 |
| 팔찌 bracelet (m) | | 49 |
| 패션 mode (f) | | 84 |
| 패션, 모드 mode (f) | | 16 |
| 패스트푸드 restauration rapide (f) | | 96 |
| 팩 masque (m) | | 74 |
| 퍼포먼스 performance (f) | | 38 |
| 펌프스 escarpins (m.pl.) | | 65 |
| 페이스파우더 poudre (f) | | 74 |
| 페이지 page (f) | | 85 |
| 페탕크 놀이 pétanque (f) | | 136 |
| 페티코트 jupon (m) | | 64 |
| 펜촉 plume (f) | | 52 |
| 펭귄 pingouin (m) | | 139 |
| 펴다 étaler | | 113 |
| 편지 lettre (f) | | 92 |
| 편지지 papier à lettres (m) | | 52 |
| 평등 égalité (f) | | 22 |
| 폐 poumon (m) | | 150 |
| 폐관 fermeture (f) | | 80 |

| 포도 raisin (m) | 107 |
| --- | --- |
| 포도밭 vigne (f) | 131 |
| 포석 pavé (f) | 35 |
| 포스터 affiche (f) | 84, 147 |
| 포장하다 emballer | 57 |
| 포크 fourchette (f) | 98 |
| 포터 porteur (m) | 33, 127 |
| 포트(전기 포트) bouilloire (f) | 110 |
| 폭 largeur (f) | 68 |
| 폭신폭신 moelleux(se) | 94 |
| 폭포 cascade (f) | 131 |
| 표시판, 안내판 panneau (m) | 80 |
| (책) 표지 couverture (f) | 85 |
| 표지, 표지판 signalisation (f) | 125 |
| 푸아그라 foie gras (m) | 102 |
| (단추를) 풀다 déboutonner | 67 |
| 풍경, 경치 paysage (m) | 130 |
| ~풍의 à la~ | 100 |
| 프라이팬 poêle (f) | 54 |
| 프랑스인 Français(e) | 32 |
| 프랑스제 produit français (m) | 75 |
| 프런트 réception (f) | 126 |
| 프린터 imprimante (f) | 147 |
| 플래시 사용 금지 flash interdit | 81 |
| 플랫폼 quai (m) | 37 |
| 플리마켓 vide grenier (m) | 46 |
| 피망 poivron (m) | 106 |
| 피부 결 grain de la peau (m) | 71 |
| 피부 미용사 esthéticien(ne) | 70 |
| 피부 발진 allergie dermatologique (f) | 71 |
| 피부관리샵 institut de beauté (m) | 19 |
| 피처 pichet (m) | 56 |
| 피크닉 pique-nique (m) | 130 |
| 피팅 essayage (m) | 63 |
| 피팅룸 cabine d'essayage (f) | 63 |
| 필러 économe (m) | 113 |

## ㅎ

| 하루 journée (f) | 155 |
| --- | --- |
| 하선, 하차 débarquement (m) | 123 |
| 하양 blanc(he) | 62 |
| 한국인 Coréen(ne) | 32 |
| 한정의 limité(e) | 75 |
| 할인 réduction (f) | 108 |
| 함께 ensemble | 20 |
| 합계 total (m) | 93 |
| 항구 port (m) | 129 |
| 항생제 antibiotique (m) | 149 |
| 해먹 hamac (m) | 131 |
| 해변 plage (f) | 129 |
| 해열제 fébrifuge (m) | 149 |
| 해파리 méduse (f) | 139 |
| 핸드백 sac à main (m) | 49, 65 |
| 핸들 volant (m) | 125 |
| 햄 jambon (m) | 116 |
| 행복 bonheur (m) | 18 |
| 행복, 평안, 만족 bien-être | 18 |
| 행복한 heureux(se) | 134 |
| 행선지 destination (f) | 40 |
| 향수 parfum (m) | 74 |
| 허리 hanche (f) | 67, 150 |
| 허브티 infusion (f) | 93 |
| 헌 옷 fripes (f.pl.) | 48 |
| 헌책 livre d'occasion (m) | 84 |
| 헌팅캡 casquette (f) | 48 |
| 헤어스타일 coiffure (f) | 72 |
| 헤어지다 se quitter | 135 |
| 헤어핀 épingle à cheveux (f) | 49 |
| 헤엄치다 nager | 128 |
| 헹구다 rincer | 112 |
| 혀 langue (f) | 116, 150 |
| 혀가자미 sole (f) | 117 |

| 한국어 | 프랑스어 | 페이지 |
|---|---|---|
| 현관 | entrée (f) | 145 |
| 현금 | espèce (f) | 97 |
| 현실적인 | réaliste | 151 |
| 형편없는 | nul(le) | 83 |
| 호두 | noix (f) | 95 |
| 호랑이 | tigre (m) | 138 |
| 호박 | potiron (m) | 106 |
| 호수 | lac (m) | 131 |
| 호스트 | hôte(sse) | 132 |
| 호텔 | hôtel (m) | 126 |
| 홈리스, 노숙자 | SDF(sans domicile fixe) | 33 |
| 홍합 | moule (f) | 117 |
| 화가 | peintre | 32, 87 |
| 화덕 | four (m) | 95 |
| 화려한 | voyant(e) | 49 |
| 화려한, 화사한 | splendide | 86 |
| 화분 | pot (m) | 86 |
| 화살표 | flèche (f) | 80 |
| 화상 | brûlure (f) | 149 |
| 화요일 | mardi | 156 |
| 화장수 | lotion (f) | 74 |
| 화장실 | toilettes (f.pl.) | 123 |
| 화장품 | produit de beauté (m) | 18 |
| 확인 | vérification (f) | 92 |
| 확인하다 | vérifier | 66, 103 |
| 환경 | environnement (m) | 23 |
| (지하철) 환승 | correspondance (f) | 39 |
| (비행기) 환승 | transit (m) | 122 |
| 환자 | patient(e) | 148 |
| 황새 | cigogne (f) | 139 |
| 회사원 | salarié(e) | 33 |
| 회수권 | carnet (m) | 36 |
| 회화 | peinture (f) | 80 |
| 횡단보도 | passage piétons (m) | 34 |
| 후방 | arrière (m) | 41 |
| 후추 | poivre (m) | 98 |
| (인심이) 후한 | généreux(se) | 151 |

| 한국어 | 프랑스어 | 페이지 |
|---|---|---|
| 훈제연어 | saumon fumé (m) | 102 |
| 휴식 | relaxation (f) | 70 |
| 휴식을 취하다 | se relaxer | 19 |
| 휴일 | jour férié (m) | 156 |
| 흐리다 | Il y a des nuages | 157 |
| 흡연자 | fumeur | 98 |
| 희귀한, 드문 | rare | 47 |

## A-Z

| | | |
|---|---|---|
| AOC(원산지 통제 명칭) appellation d'origine contrôlée (f) | | 103 |
| ATM(현금자동지급기) distributeur de billets (m) | | 30 |
| ballon (m) 어린이 | | 137 |
| BGM musique d'ambiance (f) | | 70 |
| X선 촬영 radio (f) | | 148 |

## 숫자

| | | |
|---|---|---|
| 0 zéro | | 152 |
| 1 un | | 152 |
| 2 deux | | 152 |
| 3 trois | | 152 |
| 4 quatre | | 152 |
| 5 cinq | | 152 |
| 6 six | | 152 |
| 7 sept | | 152 |
| 8 huit | | 152 |
| 9 neuf | | 152 |
| 10 dix | | 152 |
| 11 onze | | 152 |
| 12 douze | | 152 |

| | |
|---|---|
| 13 treize | 152 |
| 14 quatorze | 152 |
| 15 quinze | 152 |
| 16 seize | 152 |
| 20 vingt | 152 |
| 30 trente | 152 |
| 40 quarante | 152 |
| 50 cinquante | 152 |
| 60 soixante | 152 |
| 100 cent | 152 |
| 1000 mille | 152 |
| 10000 dix mille | 152 |
| 10만 cent mille | 152 |
| 100만 un million | 152 |
| 1/2 une moitié | 153 |
| 1/3 un tiers | 153 |
| 1/4 un quart | 153 |

### 길이

| | |
|---|---|
| 7부(옷 길이) mi-mollet | 68 |

### 층

| | |
|---|---|
| 1층 rez-de-chaussée (m) | 153 |
| 2층 premier étage | 153 |
| 3층 deuxième étage | 153 |
| 4층 troisième étage | 153 |

### 월

| | |
|---|---|
| 1월 janvier | 157 |
| 2월 février | 157 |
| 3월 mars | 157 |
| 4월 avril | 157 |
| 5월 mai | 157 |
| 6월 juin | 157 |
| 7월 juillet | 157 |
| 8월 août | 157 |
| 9월 septembre | 157 |
| 10월 octobre | 157 |
| 11월 novembre | 157 |
| 12월 décembre | 157 |

### 시간

| | |
|---|---|
| 1시 une heure | 155 |
| 2시 deux heures | 155 |
| 3시 trois heures | 155 |
| 4시 quatre heures | 155 |
| 5시 cinq heures | 155 |
| 6시 six heures | 155 |
| 7시 sept heures | 155 |
| 8시 huit heures | 155 |
| 9시 neuf heures | 155 |
| 10시 dix heures | 155 |
| 11시 onze heures | 155 |
| 12시 douze heures | 155 |
| 15분 un quart | 155 |
| 15분 전 moins le quart | 155 |

# Index 2
## 프랑스어로 찾기

### A

| | |
|---|---|
| à carreaux (m.pl.) 체크 | 63 |
| à fleurs (f.pl.) 꽃무늬 | 63 |
| à l'heure 제시간에 | 135 |
| à la~ ~풍의 | 100 |
| à la passoire (체에) 거르다 | 113 |
| à pois (m.pl.) 물방울무늬 | 63 |
| à rayures (f.pl.) 줄무늬 | 63 |
| abîmé(e) 상한 | 73 |
| abricot (m) 살구 | 107 |
| accélérateur (m) 가속 페달(엑셀) | 125 |
| accès aux quais (m) 개찰 | 36 |
| accessoire (m) 소품 | 65 |
| accessoires de cuisine (m.pl.) 키친 웨어 | 54 |
| accident (m) 사고 | 35 |
| accompagné(e)~ ~를 곁들인 | 100 |
| accordéon (m) 아코디언 | 38 |
| achat (m) 매입합니다 | 46 |
| acidité (f) 신맛 | 95 |
| acné (f) 여드름 | 71 |
| acteur (m) 배우 | 83 |
| action (f) 액션 | 82 |
| addition (f) 계산서, 식사 비용 | 92 |
| adresser la parole 말을 걸다, 부르다 | 38 |
| adulte 어른스러운 | 72 |
| aéroport (m) 공항 | 122 |
| affaires (f.pl.) (작은) 짐 | 81 |
| affiche (f) 포스터, 선전 포스터 | 37, 84, 147 |
| affinités 유대감, 친밀함 | 22 |
| âge (m) 나이 | 23 |
| agneau (m) 새끼 양 고기 | 116 |
| agréable 유쾌한, 기분 좋은 | 133 |
| agriculteur(rice) 농민 | 131 |
| aider 돕다 | 114 |
| aigle (m) 독수리 | 139 |
| aiguille (f) 바늘 | 87 |
| aiguille à tricoter (f) 뜨개바늘 | 87 |
| aile (f) 날개 | 122 |
| alimentation (f) 식품 | 19 |
| aller au travail 출근하다 | 154 |
| aller avec ( ) ( )와 어울리는 | 17 |
| aller se coucher 자러 가다 | 155 |
| aller tout droit 직진하다 | 125 |
| allergie dermatologique (f) 피부 발진 | 71 |
| âme soeur 인생의 반려 | 20 |
| ami(e) 친구 | 133 |
| amincissement (m) 슬리밍 | 71 |
| amitié (f) 우정 | 23 |
| amour (m) 사랑 | 21 |
| amoureux(se) 연인 | 134 |
| amusant(e) 즐거운, 재미있는 | 83, 133 |
| an (m) 년(year) | 156 |
| ananas (m) 파인애플 | 107 |
| âne (m) 당나귀 | 138 |
| anesthésie (f) 마취 | 149 |
| anguille (f) 뱀장어 | 117 |
| animal domestique (m) 애완동물 | 145 |
| année de récolte (f) 수확한 해 | 103 |
| années ( ) ( )년대 | 48 |
| annonce (f) 안내 방송 | 39 |
| anse (f) (찻잔) 손잡이 | 56 |
| antibiotique (m) 항생제 | 149 |
| antiquité (f) 앤틱 | 46 |
| août 8월 | 157 |
| apéritif (m) 식전 주 | 101 |
| appareil photo (m) 카메라 | 50, 136 |
| appareil photo numérique (m) 디지털 카메라 | 147 |
| appartement (m) 맨션, 아파트 | 35, 126, 145 |

| | |
|---|---|
| appeler 부르다 | 41, 58, 133 |
| appellation d'origine contrôlée (f) AOC(원산지 통제 명칭) | 103 |
| apporter 옮기다, 나르다, 가지고 가다 | ??? |
| approuver 칭찬하다, 승인하다 | 103 |
| après le repas 식후 | 149 |
| après-demain 모레 | 156 |
| après-midi 오후 | 154 |
| après-shampoing (m) 린스 | 75 |
| aquarelle (f) 수채화 | 81 |
| aquarium (m) 수족관 | 139 |
| arbre (m) 나무 | 130, 144 |
| Arc de triomphe (m) 개선문 | 28 |
| argent 실버 | 63 |
| argent (m) 은 | 53 |
| argot 은어 | 158 |
| aromathéraphie (f) 아로마테라피 | 19 |
| arrêt de bus (m) 버스 정류장 | 40 |
| arrêt de train (m) 정차 | 39 |
| arrêt demandé 다음에 내려요 | 41 |
| arrière (m) 후방 | 41 |
| arrivée (f) 도착 | 39, 122 |
| art (m) 아트, 예술 | 25 |
| art de vivre 삶의 지혜 | 24 |
| art floral (m) 꽃 장식, 꽃꽂이 | 86 |
| artichaut (m) 아티초크(엉겅퀴) | 106 |
| artistique 예술적인 | 29 |
| ascenseur (m) 엘리베이터 | 145 |
| asperge (f) 아스파라거스 | 106 |
| assaisonné(e)~ ~로 맛을 낸 | 100 |
| assaisonnement (m) 조미료 | 109 |
| assiette (f) 접시 | 56, 98, 114 |
| assiette de fromages (f) 모듬 치즈 | 105 |
| assurance (f) 보험 | 124 |
| atmosphère (f) 분위기 | 72, 132 |
| attention 주의 | 37 |
| au bord de la Seine 센 강변 | 84 |
| Au revoir! 안녕(헤어질 때) | 43 |
| auberge de jeunesse (f) 유스호스텔 | 126 |

| | |
|---|---|
| aubergine (f) (채소) 가지 | 106 |
| aujourd'hui 오늘 | 156 |
| auteur (m) 저자 | 85 |
| autocollant (m) 스티커 | 109 |
| automne (m) 가을 | 157 |
| autoroute (f) 고속도로 | 124 |
| avant (m) 전방 | 41 |
| avant le repas 식전 | 149 |
| avare 인색한 | 151 |
| avec baignoire 욕조 딸림 | 127 |
| avec douche 샤워실 딸림 | 127 |
| avion (m) 비행기 | 29, 122 |
| avril 4월 | 157 |

**B**

| | |
|---|---|
| bac à sable (m) (공원의) 모래 사장 | 137 |
| badminton (m) 배드민턴 | 137 |
| bagage (m) (큰) 짐 | 127 |
| bagage à main (m) 수하물 | 122 |
| bagagerie (f) 짐 보관소 | 126 |
| bague (f) 반지 | 49 |
| baguette (f) 바게트 | 94 |
| baignoire (f) 욕조 | 147 |
| balance (f) 저울, 체중계 | 106, 109, 147 |
| balance de cuisine (f) 주방용 저울 | 55 |
| balançoire (f) 시소 | 137 |
| balayeur (m) 청소원 | 32 |
| balcon (m) 베란다 | 145 |
| baleine (f) 고래 | 139 |
| balustrade (f) 가드레일 | 34, 125 |
| banane (f) 바나나 | 107 |
| banc (m) 벤치 | 40, 137 |
| bande d'annonce (f) 영화 예고 | 83 |
| bande de copains(ines) 동료, 친구 | 23 |
| bande-dessinée (f) 만화 | 147 |

| | |
|---|---|
| banlieue (f) 교외 | 29 |
| banque (f) 은행 | 30 |
| banquette (f) 좌석·벤치 자리 | 38, 93 |
| bar (m) 농어 | 117 |
| barre (f) (봉) 손잡이 | 38 |
| barrette (f) 똑딱 머리핀 | 49 |
| bas (m) (옷) 단, 아래쪽 | 66 |
| base (f) 메이크업베이스 | 74 |
| bâtard (m) 짧은 바게트 | 94 |
| bateau (m) (바다의) 배 | 129 |
| bateau pneumatique (m) 고무보트 | 128 |
| bâtiment (m) 건물 | 34 |
| battement de coeur (m) 두근거림 | 148 |
| battre 젓다 | 113 |
| baume à lèvres (m) 립밤 | 75 |
| bavard(e) 수다스러운 | 151 |
| bavardages (m.pl.) 잡담 | 132 |
| bavarder 담소를 나누다 | 38, 115 |
| beach-volley (m) 비치발리볼 | 128 |
| beaucoup 많은 | 101, 133 |
| beauté (f) 아름다움, 미(美) | 18 |
| beaux-arts (m.pl.) 미술 | 84 |
| beignet (m) 도넛 | 94 |
| belvédère (m) 전망대 | 131 |
| béret (m) 베레모 | 48 |
| bermuda (m) 버뮤다팬츠 | 64 |
| beurre (m) 버터 | 95, 109, 115 |
| beurrier (m) 버터 케이스 | 56 |
| bibliothécaire 사서 | 85 |
| bibliothèque (f) 책장, 도서관 | 85 |
| bicyclette (f) 자전거 | 35 |
| bien 좋은 | 82 |
| bien-être 행복, 평안, 만족 | 18 |
| bière (f) 맥주 | 105 |
| bikini (m) 비키니 | 129 |
| billet (m) 입장권 | 80 |
| bisou (m)·bise (f) (인사) 키스 | 42 |
| blanc(he) 하양 | 62 |
| blé (m) 밀 | 95 |
| blessure (f) 부상 | 149 |
| bleu(e) 파랑 | 62 |
| boeuf (m) 소고기 | 116 |
| bois (m) 숲, 나무 | 28, 53, 130 |
| boisson (f) 음료 | 101, 105 |
| boîte (f) 상자, 깡통(케이스) | 51, 57 |
| boîte à chaussures (f) 신발장 | 145 |
| boîte aux lettres (f) 우편함 | 144 |
| boîte en bois (f) 나무 상자 | 51 |
| boîte postale (f) 우체통 | 30 |
| bol (m) 볼, 사발 | 54, 56 |
| bon marché 싸게 잘 삼 | 47 |
| bon(ne) vivant(e) 인생을 즐기는 사람 | 24 |
| bonheur (m) 행복 | 18 |
| Bonjour 안녕(아침, 낮 인사) | 42 |
| bonne humeur (f) 기분이 아주 좋은 | 36 |
| bonne mine 안색이 좋은 | 18 |
| bonnet (m) 털모자, 챙 없는 모자 | 48 |
| Bonsoir 안녕(밤 인사) | 42 |
| bord de la route (m) 갓길 | 125 |
| bottes (f.pl.) 부츠 | 65 |
| bouche (f) 입 | 150 |
| bouche d'incendie (f) 소화전 | 34 |
| bouchon (m) (와인병) 뚜껑, 코르크 | 52, 103 |
| boucle de ceinture (f) 버클 | 67 |
| boucler sa ceinture 벨트를 매다 | 67 |
| boucles d'oreilles (f.pl.) 귀걸이 | 49 |
| boudin (m) 순대 | 116 |
| bouée (f) 튜브 | 128 |
| bouillir 끓이다 | 112 |
| bouilloire (f) 주전자, 포트(전기 포트) | 54 |
| boulanger(ère) 제빵사 | 95 |
| boulangerie (f) 빵집 | 31, 95 |
| boule (f) 둥근 시골빵 | 95 |
| boulevard (m) 큰길, 대로 | 30 |
| bouquet de fleurs (m) 꽃다발 | 86 |
| bouquiniste (m) 고서점 | 84 |
| bouteille (f) 병 | 50, 103 |
| boutique (f) 상점, 매점 | 30, 81, 46 |

| | |
|---|---|
| bouton (m) 단추, 버튼, 뽀루지 | 36, 66, 71, 87, 109 |
| boutonner (단추를) 잠그다 | 66 |
| boutonnière (f) 단추 구멍 | 66 |
| bouton-pression (m) 똑딱단추 | 67 |
| bracelet (m) 팔찌 | 49 |
| branche (f) (나무의) 가지 | 130 |
| branchies (f.pl.) 아가미 | 117 |
| bras (m) 팔 | 66 |
| brasserie (f) 선술집 | 96 |
| Brie (m) 브리(치즈) | 105 |
| brioche (f) 브리오슈 | 95 |
| brocante (f) 잡동사니·골동품 시장 | 46 |
| brocanteur(se) 고물상 | 46 |
| brochet (m) 곤들매기 | 117 |
| brochure (f) 브로셔 | 81 |
| brocoli (m) 브로콜리 | 106 |
| broderie (f) 자수 | 87 |
| bronzage (m) 썬텐 | 129 |
| brosse à dents (f) 칫솔 | 75 |
| brûler 타다, 눋다 | 112 |
| brûlure (f) 화상 | 149 |
| buffet (m) 찬장 | 110 |
| bureau (m) 책상, 서재 | 147 |
| bus (m) 버스 | 40 |
| buvard (m) 잉크 흡수지 | 51 |

## C

| | |
|---|---|
| cabas (m) 토트백 | 49 |
| cabine (f) 기내 | 123 |
| cabine d'essayage (f) 피팅룸 | 63 |
| cabine téléphonique (f) 공중전화 | 35 |
| cadeau (m) 선물 | 57, 132 |
| cadeau (m) 덤 | 47 |
| cadre (m) 액자 | 50, 80 |
| café (m) 카페 | 31, 92, 96 |

| | |
|---|---|
| café (m) 커피 | 93 |
| café crème (m) 카페라떼 | 93 |
| cahier (m) 노트 | 52 |
| caisse (f) 계산대 | 63, 109 |
| calculatrice (f) 계산기 | 52 |
| calendrier (m) 달력 | 156 |
| calme 조용한 | 127 |
| Camembert (m) 까망베르 | 105 |
| campagne (f) 시골 | 130 |
| camping (m) 캠프 | 131 |
| camping-car (m) 캠핑카 | 131 |
| canal (m) 운하 | 29 |
| canapé (m) 소파 | 93, 146 |
| cannelé (m) 까눌레 | 104 |
| cap (m) 곶 | 129 |
| capitale (f) 수도 | 29 |
| caraco (m) 캐미솔 | 65 |
| caractère (m) 성격 | 22, 151 |
| carnet (m) 회수권 | 36 |
| carotte (f) 당근 | 106 |
| carrefour (m) 교차로 | 34, 125 |
| cartable (m) 책가방 | 147 |
| carte (f) 메뉴판 | 101 |
| carte de crédit (f) 신용카드 | 97 |
| carte de débarquement (f) 입국 카드 | 123 |
| carte orange (f) 정기권 | 36 |
| carte postale (f) 엽서 | 51 |
| carton (m) 골판지 상자 | 57 |
| cascade (f) 폭포 | 131 |
| caserne de pompiers (f) 소방서 | 30 |
| casquette (f) 헌팅캡 | 48 |
| casse-croûte (m) 도시락 | 130 |
| casserole (f) 냄비 | 55 |
| casting (m) 캐스팅 | 82 |
| catalogue (m) 카탈로그 | 81 |
| cathédrale (f) 대성당 | 29 |
| caution (f) 보증금 | 124 |
| caviar (m) 캐비어 | 117 |
| ce mois 이달 | 156 |

| | | |
|---|---|---|
| céder le passage 양보하다 | 124 | |
| ceinture (f) 벨트 | 67 | |
| ceinture de sécurité (f) 안전벨트 | 125 | |
| célibataire 독신 | 21, 134 | |
| cellulite (f) 셀룰라이트 | 71 | |
| cendrier (m) 재떨이 | 50 | |
| cent 100 | 152 | |
| cent mille 10만 | 152 | |
| centre-ville (m) 중심지 | 28 | |
| cérémonie de mariage (f) 결혼식 | 21 | |
| cerf (m) 사슴 | 138 | |
| cerise (f) 체리 | 107 | |
| cernes (f.pl.) 다크서클 | 71 | |
| certificat médical (m) 진단서 | 148 | |
| chagrin d'amour (m) 사랑의 아픔 | 21 | |
| chaise (f) 의자 | 98 | |
| châle (m) 숄 | 49 | |
| chambre (f) 방 | 127 | |
| chambre à coucher (f) 침실 | 146 | |
| chambre d'enfant (f) 아이 방 | 147 | |
| champ (m) 밭 | 131 | |
| champignon de Paris (m) 양송이 | 106 | |
| chandelier (m) 촛대 | 51 | |
| chapeau (m) 모자 | 48 | |
| chapeau de paille (m) 밀짚모자 | 129 | |
| chariot (m) 카트 | 108 | |
| châssis (m) 섀시 | 145 | |
| chat(te) 고양이 | 32 | |
| chaud(e) 뜨거운 | 105 | |
| chauffage (m) 난방 | 146 | |
| chaussée (f) 차도 | 35 | |
| chaussettes (f.pl.) 양말 | 65 | |
| chausson aux pommes (m) 애플파이 | 94 | |
| chaussons de danse (m.pl.) 발레 슈즈 | 65 | |
| chaussures (f.pl.) 신발 | 65 | |
| chauve-souris (f) 박쥐 | 139 | |
| chef 상사 | 133 | |
| chemin de montagne (m) 산길 | 130 | |
| cheminée (f) 굴뚝, 벽난로 | 35, 144. 146 | |
| chemise (f) 셔츠 | 64 | |
| chemisier (m) 블라우스 | 48, 64 | |
| chercher 찾다 | 75 | |
| cheval (m) 말 | 138 | |
| chevalet (m) 이젤 | 87 | |
| cheveux (m.pl.) 머리카락, 모발 | 72 | |
| cheveux courts 짧은 머리 | 72 | |
| cheveux longs 긴 머리 | 72 | |
| cheveux mi-longs 긴 단발 | 72 | |
| chèvre (f) 염소 | 138 | |
| chic 멋있는, 세련된, 시크한 | 16, 86 | |
| chien(ne) 개 | 32 | |
| chiffres 수, 숫자 | 152 | |
| chômeur(se) 실업자 | 33 | |
| chou à la 슈크림 | 104 | |
| Ciao! 안녕! | 43 | |
| cigogne (f) 황새 | 139 | |
| cimetière (m) 묘지 | 29 | |
| cinq 5 | 152 | |
| cinq heures 5시 | 155 | |
| cinquante 50 | 152 | |
| cintre (m) 옷걸이 | 63 | |
| cintré(e) 딱 붙는 | 68 | |
| ciseaux (m.pl.) 가위 | 52, 72 | |
| citron (m) 레몬 | 107 | |
| citron vert (m) 라임 | 107 | |
| clair(e) (색깔이) 밝은 | 73, 127 | |
| classe 기품 있는 | 17 | |
| clavier (m) 키보드 | 147 | |
| clé (f) 열쇠 | 51, 127, 145 | |
| clémentine (f) 귤 | 107 | |
| client(e) 손님 | 62 | |
| clignotant (m) 방향지시등 | 125 | |
| clin d'œil (m) 윙크하다 | 42 | |
| clôture (f) (작은) 울타리 | 144 | |
| cockpit (m) 조종석 | 122 | |
| cocktail (m) 칵테일 | 105 | |
| code-barres (m) 바코드 | 109 | |
| cœur (m) 마음, 심장 | 18, 116, 150 | |

| | | |
|---|---|---|
| coffre-fort (m) 금고 | 127 | |
| coiffeur(se) 미용사 | 72 | |
| coiffure (f) 헤어스타일 | 72 | |
| col (m) 옷깃 | 66 | |
| collègue 동료 | 133 | |
| collier (m) 목걸이 | 49 | |
| colline (f) 언덕 | 130 | |
| colorer 염색하다 | 73 | |
| Combien de temps? 어느 정도?(시간) | 59 | |
| Combien? 얼마? | 59 | |
| comédie (f) 코미디 | 82 | |
| commande (f) 주문 | 97 | |
| commissariat (m) 경찰서 | 30 | |
| commode (f) 서랍장 | 146 | |
| communication (f) 커뮤니케이션 | 22 | |
| complet(te) 객실이 다 찬 | 126 | |
| composition (f) 구성 | 86 | |
| composition de couleurs (f) 색 구성 | 86 | |
| composteur (m) 검표기 | 41 | |
| comprimé(s) (  ) 알/정(  ) | 149 | |
| compteur (m) 미터 | 41 | |
| comptoir (m) 카운터 | 93, 122 | |
| Comté (m) 콩테 | 105 | |
| concierge 관리인, 접객 책임자 | 126, 145 | |
| concombre (m) 오이 | 106 | |
| concubinage (m) 동거 | 21 | |
| conduire 운전하다 | 124 | |
| confiance (f) 신뢰 | 20 | |
| confier 맡기다 | 122 | |
| confiture (f) 잼 | 115 | |
| confort (m) 쾌적 | 25 | |
| congélateur (m) 냉동고 | 111 | |
| connaissance (f) 지인 | 133 | |
| connaisseur(se) 달인, 전문가 | 25 | |
| connaître 정통하다 | 25 | |
| conservateur(rice) 큐레이터 | 80 | |
| conservation (f) 보관 | 115 | |
| conserve (f) 통조림 | 108 | |
| consultation (f) 진료 | 148 | |

| | | |
|---|---|---|
| contrôle (m) 심사 | 123 | |
| contusion (f) 타박상 | 149 | |
| convenance (f) 에티켓 | 38 | |
| conversation (f) 대화 | 47, 132 | |
| cool 멋진 | 17, 72 | |
| copain 남자친구 | 134 | |
| copine 여자친구 | 134 | |
| coquetier (m) 달걀받침 | 56 | |
| coquillage (m) 조개껍질 | 129 | |
| coquille St-Jacques (f) 가리비 | 117 | |
| Coréen(ne) 한국인 | 32 | |
| corps (m) 몸 | 18, 71, 150 | |
| correspondance (f) (지하철) 환승 | 39 | |
| costume (m) 의상 | 82 | |
| côté 옆의 | 73 | |
| côté couloir (m) 통로쪽 | 123 | |
| côté droit (m) 오른쪽 | 83 | |
| côté gauche (m) 왼쪽 | 83 | |
| côté hublot (m) 창가쪽 | 123 | |
| coton (m) 면 | 69 | |
| cou (m) 목 | 150 | |
| coucher du soleil (m) 석양 | 154 | |
| coude (m) 팔꿈치 | 66 | |
| couleur (f) 색깔, 색상 | 62, 73 | |
| couloir (m) 복도, 통로 | 38, 145 | |
| coup de foudre (m) 첫눈에 반함 | 133 | |
| coupe (f) 커트 | 72 | |
| couper 자르다 | 112, 117 | |
| couple (m) 부부, 커플 | 21, 134 | |
| coupure (f) 벤 상처 | 149 | |
| cour (f) 중정, 안마당 | 145 | |
| courgette (f) 기다란 호박(주키니) | 106 | |
| courir 뛰다, 달리다 | 89, 136 | |
| couronne (f) 리스 | 86 | |
| courriel (m) 이메일 | 147 | |
| courses (f.pl.) 쇼핑 | 108 | |
| court(e) 짧은 | 68, 72 | |
| coussin (m) 쿠션 | 146 | |
| couteau (m) 부엌칼, 나이프 | 54, 98 | |

| | |
|---|---|
| couteau à beurre (m) 버터 칼 | 56 |
| couture (f) 바느질 | 87 |
| couvercle (m) (냄비) 뚜껑 | 55 |
| couverts (m.pl.) (식탁용) 나이프, 포크류 | 98 |
| couverture (f) 책표지, 담요 | 85, 123 |
| crachat (m) 가래 | 148 |
| crayon (m) 연필 | 52 |
| crème brûlée (f) 크렘브륄레 | 104 |
| crème solaire (f) 선크림 | 75 |
| crêperie (f) 크레이프 가게 | 96 |
| cresson (m) 크레송(물냉이) | 106 |
| crocodile (m) 악어 | 139 |
| croissant (m) 크로와상 | 94 |
| croustillant(e) 바삭바삭 | 94 |
| croûte (f) (빵의) 껍질 | 94 |
| cru(e) 가열하지 않은 | 100 |
| cuillère (f) 스푼 | 98 |
| cuir (m) 가죽 | 69 |
| cuir verni (m) 에나멜 가죽 | 69 |
| cuire 굽다, 익히다, 삶다 | 95, 112, 113 |
| cuire à la vapeur 찌다 | 113 |
| cuiseur de riz (m) 밥솥 | 110 |
| cuisine (f) 주방, 부엌, 요리 | 99, 101, 110 |
| cuisinier(ère) 셰프 | 99 |
| cuisinier(ère) 요리사 | 33 |
| cuisse (f) 넓적다리 | 116 |
| cuivre (m) 동 | 53 |
| culotte (f) 속바지, 팬티 | 65 |
| cutter (m) 커터 | 52 |

## D

| | |
|---|---|
| daim (m) 스웨이드 | 69 |
| dans la semaine 주중 | 156 |
| danser 춤추다 | 133 |
| date (f) 날짜 | 156 |
| dauphin (m) 돌고래 | 139 |
| daurade (f) 도미 | 117 |
| dé à coudre (m) 골무 | 87 |
| de bon matin 아침 일찍 | 154 |
| déboutonner (단추를) 풀다 | 67 |
| de saison (f) 계절의 | 100 |
| débardeur (m) 탱크톱 | 64 |
| débarquement (m) 하선, 하차 | 123 |
| débarras (m) 창고 | 144 |
| débarrasser la table 식탁을 치우다 | 115 |
| décapsuleur (m) 병따개 | 55 |
| décembre 12월 | 157 |
| déchirer 찢다 | 93 |
| décider 결정하다 | 57 |
| déclaration (f) 신고 | 123 |
| décontracté(e) 캐주얼한 | 17, 97, 132 |
| décor (m) 디스플레이, 장식, 인테리어 | 25, 62, 146 |
| dégustation (f) 테이스팅 | 103 |
| déjeuner (m) 점심, 중식 | 98, 154 |
| demain 내일 | 156 |
| demander (행선지를) 요청하다, 묻다 | 41, 58, 97 |
| Demander la main d'une femme 여성에게 프러포즈하다 | 140 |
| démaquillant (m) 클렌징 | 74 |
| démarrer 출발하다, 시동을 걸다 | 124 |
| demi heure (f) 반 시간(30분) | 155 |
| dent (f) 치아 | 150 |
| dentelle (f) 레이스 | 50 |
| dentifrice (m) 치약 | 75 |
| départ (m) 출발 | 39, 122 |
| dépasser 앞지르다 | 124 |
| Depuis quand? 언제부터? | 59 |
| dernier service (m) 마지막 주문 | 99 |
| derrière 뒤쪽의 | 73, 83 |
| descendre 내리다 | 39, 67 |
| design (m) 디자인 | 84 |
| dessert (m) 디저트 | 101, 104 |
| dessin (m) 데생 | 81 |
| dessin-animé (m) 애니메이션 | 82 |

| | |
|---|---|
| dessous-de-plat (m) 냄비 받침 | 55 |
| destination (f) 행선지 | 40 |
| deux 2 | 152 |
| deux fois plus 두 배 더 | 153 |
| deux heures 2시 | 155 |
| deuxième 두 번째의 | 153 |
| deuxième étage 3층 | 153 |
| devant 전방의, 앞쪽의 | 73, 83 |
| dialogue (m) 대사 | 83 |
| diarrhée (f) 설사 | 148 |
| digestif (m) 식후 주 | 101 |
| digue (f) 둑, 방파제 | 129 |
| dimanche 일요일 | 156 |
| dinde (f) 칠면조 | 116 |
| dîner (m) 저녁, 석식 | 98, 155 |
| direction (f) 방면, 진행 방향 | 37, 80 |
| discuter 담소를 나누다 | 23, 132 |
| disponible 객실이 빈 | 126 |
| dissolvant (m) 리무버 | 74 |
| distingué(e) 기품 있는 | 151 |
| distributeur de billets (m) ATM(현금자동지급기) | 30 |
| divorce (m) 이혼 | 21 |
| dix 10 | 152 |
| dix heures 10시 | 155 |
| dix mille 10000 | 152 |
| domaine (m) 분야 | 84 |
| domino (m) 도미노 | 136 |
| dormir 자다 | 70 |
| douane (f) 세관 | 123 |
| double 더블 | 127 |
| douche (f) 샤워 | 147 |
| doux(ce) (질감이) 부드러운 | 73 |
| douze 12 | 152 |
| douze heures 12시 | 155 |
| drap (m) 시트 | 70 |
| dresser les tables 테이블 세팅을 하다 | 99 |
| droit(e) 스트레이트 | 73 |
| dur(e) 딱딱한 | 94 |

# E

| | |
|---|---|
| eau gazeuse (f) 탄산수 | 105 |
| eau plate (f) 생수 | 105 |
| écaille (f) 비늘 | 117 |
| échantillon (m) 테스터 | 75 |
| écharpe (m) 머플러 | 49 |
| échelle (f) 사다리 | 85 |
| éclat (m) 빛남, 광채 | 18 |
| économe (m) 필러 | 113 |
| écran (m) 스크린, 액정 화면 | 52, 83 |
| écrevisse (f) 가재 | 117 |
| écrire 쓰다 | 92 |
| écrivain (m) 작가 | 33 |
| écume (f) 거품 | 112 |
| écureuil (m) 다람쥐 | 138 |
| égalité (f) 평등 | 22 |
| église (f) 교회 | 28 |
| égoutter 물기를 빼다 | 112 |
| élégant(e) 우아한 | 17 |
| éléphant (m) 코끼리 | 138 |
| émail (m) 법랑 | 53 |
| emballer 포장하다 | 57 |
| embarquement (m) 탑승 | 122 |
| embauchoir (m) 구두 골 | 50 |
| embouteillage (m) 교통 정체 | 34 |
| émincer 얇게 썰다 | 112 |
| emploi du temps (m) 스케줄 | 135 |
| emprunter (책을) 빌리다 | 85 |
| en demander encore 더 달라고 청하다 | 115 |
| en forme 건강한 | 18 |
| en panne 고장 | 36 |
| encre (f) 잉크 | 52 |
| endroit (m) 장소 | 41 |
| ennuyeux(se) 지루한 | 83 |
| enquête (f) 탐구 | 25 |
| enregistrement (m) 체크인 | 122, 126 |
| enseigne (f) 간판 | 30, 92 |

| | | |
|---|---|---|
| ensemble 함께 | 20 | |
| entorse (f) 염좌, 삠 | 149 | |
| entrecôte (f) 등심 | 116 | |
| entrée (f) 입구, 입장, 전채, 현관 | 36, 80, 82, 100, 102, 145 | |
| entrée chaude (f) 따뜻한 전채 | 102 | |
| entrée froide (f) 차가운 전채 | 102 | |
| entrer 들어가다 | 97 | |
| enveloppe (f) 봉투 | 52 | |
| environ 쯤, 약 | 155 | |
| environnement (m) 환경 | 23 | |
| envoyer 보내다 | 57 | |
| épais(se) 굵은 | 73 | |
| épaule (f) 어깨, 어깨 부위 | 116, 150 | |
| épilation (f) 제모 | 71 | |
| épinard (m) 시금치 | 106 | |
| épingle à cheveux (f) 헤어핀 | 49 | |
| éplucher 벗기다 | 113 | |
| épluchure (f) (과일이나 채소의) 껍질 | 113 | |
| Époisses (m) 에포와스 | 105 | |
| éponge (f) 스폰지 | 111, 115, 147 | |
| escalator (m) 에스컬레이터 | 36 | |
| escalier (m) 계단 | 36, 126, 144 | |
| escargot (m) 에스카르고(달팽이 요리) | 102, 116 | |
| escarpins (m.pl.) 펌프스 | 65 | |
| espèce (f) 현금 | 97 | |
| essai (m) 에세이 | 85 | |
| essayage (m) 피팅 | 63 | |
| essayer 시험하다, 해 보다 | 48 | |
| essuie-glace (m) 와이퍼 | 125 | |
| essuyer 닦다 | 115 | |
| esthéticien(ne) 피부 미용사 | 70 | |
| esthétique (f) 미의식 | 24 | |
| estomac (m) 위 | 150 | |
| étaler 펴다 | 113 | |
| étang (m) 연못 | 131 | |
| état (m) 컨디션, 상태 | 46, 148 | |

| | | |
|---|---|---|
| été (m) 여름 | 157 | |
| étendre (팔을) 뻗다, 얇게 늘리다 | 66, 113 | |
| éternel 영원한 | 20 | |
| éternuement (m) 재채기 | 148 | |
| étiquette (f) 라벨 | 97, 103 | |
| étranger(ère) 외국인 | 32 | |
| être en co-location 공동으로 세들다 | 145 | |
| être en retard 늦다 | 135 | |
| étroit(e) 좁은 | 68 | |
| études (f.pl.) 공부 | 85 | |
| étudiant(e) 대학생 | 33, 80, 85 | |
| évasé(e) 넓게 퍼진, 나팔 모양의 | 68 | |
| évier (m) 싱크대 | 110 | |
| examen (m) 검사 | 148 | |
| excellent(e) 멋진 | 82 | |
| explication (f) 설명 | 80 | |
| exposition (f) 전시회 | 80 | |
| extérieur (m) 외관 | 144 | |

| | | |
|---|---|---|
| facteur (m) 우편배달원 | 32 | |
| facture (f) 영수증 | 92 | |
| faire du vacarme 소란스럽게 하다, 떠들다 | 133 | |
| faire du vélo 사이클링하다 | 137 | |
| faire entrer 안내하다 | 97 | |
| faire l'amour 섹스하다 | 135 | |
| faire la vaisselle 설거지하다 | 115 | |
| faire passer 돌리다 | 114 | |
| faire signe 신호하다 | 40, 92 | |
| faire un pari 내기를 하다 | 136 | |
| faisan (m) 꿩 | 139 | |
| fait(e) maison 식당에서 직접 만든 | 95 | |
| faitout (m) 뚜껑이 있는 양수 냄비 | 55 | |

| | |
|---|---|
| familier(ère) 격식을 차리지 않은 | 132 |
| fard à joues (m) 블러셔 | 74 |
| fard à paupières (m) 아이섀도 | 74 |
| fauteuil (m) 안락의자 | 146 |
| faux-filet (m) 등심살 | 116 |
| favoris (m.pl.) 귀밑털 | 73 |
| fébrifuge (m) 해열제 | 149 |
| féminin(e) 여성스러운 | 17, 72 |
| femme (f) 여성 | 133 |
| femme au foyer (f) 주부 | 33 |
| fenêtre (f) 창(문) | 35, 145 |
| fer (m) 쇠 | 53 |
| fer à repasser (m) 다리미 | 51 |
| ferme (f) 농장 | 131 |
| fermé(e) 정기 휴일, 준비 중, 폐점 | 62, 99 |
| fermenter 발효하다 | 95 |
| fermer sa fermeture éclair 지퍼를 닫다 | 67 |
| fermeture (f) 폐관 | 80 |
| fermeture éclair (f) 지퍼 | 67 |
| fesse (f) 엉덩이 | 150 |
| fête (f) 파티 | 23, 132 |
| feu (m) 신호 | 34, 125 |
| feu de camp (m) 캠프파이어 | 131 |
| feuille (f) 잎 | 130 |
| février 2월 | 157 |
| fiançailles (f.pl.) 약혼 | 21 |
| ficelle (f) (포장용) 끈, 가늘고 긴 바게트 | 57, 94 |
| fièvre (f) 열 | 148 |
| fil (m) 실 | 87 |
| file (f) 열, 줄 | 83 |
| filet (m) 안심, 생선살 | 116, 117 |
| film d'horreur (m) 공포 영화 | 82 |
| fin d'après-midi 늦은 오후 | 154 |
| fin(e) 가는 | 73 |
| flash interdit 플래시 사용 금지 | 81 |
| flèche (f) 화살표 | 80 |
| fleur (f) 꽃 | 86 |
| fleuriste 꽃집 | 86 |
| fleurs séchées (f.pl.) 드라이플라워 | 86 |
| fleuve (m) 강 | 28 |
| flic (m) 경찰(은어) | 158 |
| foie (m) 간 | 116, 150 |
| foie gras (m) 푸아그라 | 102 |
| foncé(e) 어두운 | 73 |
| fond de teint (m) 파운데이션 | 74 |
| fontaine (f) 분수 | 34 |
| football (m) 축구 | 137 |
| footing (m) 조깅 | 136 |
| forêt (f) 숲 | 130 |
| forfait (m) 코스 | 70 |
| fouet (m) 거품기 | 55 |
| foulard (m) 스카프 | 49 |
| foule (f) 많은 사람 | 39 |
| four (m) 오븐, 화덕 | 95, 111 |
| four à micro-ondes (m) 전자레인지 | 110 |
| fourchette (f) 포크 | 98 |
| fourrure (f) 모피 | 69 |
| fracture (f) 골절 | 149 |
| frais de livraison (m.pl.) 배송료 | 57 |
| frais(îche) 갓 구움 | 95 |
| framboise (f) 라즈베리, 산딸기 | 107 |
| Français(e) 프랑스인 | 32 |
| frange (f) 앞머리 | 73 |
| frapper (발로) 차다 | 137 |
| fraternité (f) 우애 | 22 |
| frein (m) 브레이크 | 125 |
| fric (m) 돈 | 158 |
| frigo (m) 냉장고 | 111 |
| fripes (f.pl.) 헌 옷 | 48 |
| frire 튀기다 | 113 |
| frisson (m) 오한 | 148 |
| fromage (m) 치즈 | 105 |
| fromage blanc (m) 생치즈, 크림 치즈 | 105 |
| fruit (m) 과일, 열매 | 107, 130 |
| fumeur 흡연자 | 98 |
| funiculaire (m) 케이블카 | 131 |

## G

| | |
|---|---|
| gai(e) (성격이) 밝은 | 151 |
| gants (m.pl.) 장갑 | 65 |
| garage (m) 차고 | 144 |
| garçon (m) 웨이터 | 93 |
| garçon de café (m) 웨이터 | 33 |
| garde-robe (f) 옷장 | 146 |
| gare (f) (철도) 역, (지하철 이외의) 역 | 29, 37 |
| garer 주차하다 | 124 |
| gâteau (m) 케이크 | 101, 104 |
| gâteau au chocolat (m) 초콜릿 케이크 | 104 |
| gâteaux apéritifs (m.pl.) 스낵 과자 | 108 |
| gazon (m) 잔디 | 136, 144 |
| gel douche (m) 바디클렌저 | 75 |
| généreux(se) (인심이) 후한 | 151 |
| gentil(le) 친절한, 상냥한 | 151 |
| geste (m) 제스처 | 132 |
| gilet (m) 카디건 | 48 |
| gilet de sauvetage (m) 구명동의 | 123 |
| girafe (f) 기린 | 138 |
| glace (f) 아이스크림 | 101, 104 |
| glacé(e) 차가운 | 105 |
| gomme (f) 지우개 | 52 |
| gonfler 붓다 | 149 |
| gorge (f) 목구멍 | 150 |
| gosse (m) 아이 | 158 |
| goût (m) 취미 | 22 |
| graffiti (m) 낙서 | 34, 136 |
| grain de la peau (m) 피부 결 | 71 |
| graisse (f) 지방 | 71 |
| grand magasin (m) 백화점 | 31 |
| grand(e) (장소가) 넓은, 큰 | 69, 127 |
| gras(se) 기름기 있는 | 71 |
| gratin (m) 그라탕 | 102 |
| gratter 문지르다 | 115 |
| gravure (f) 판화 | 84 |
| grenade (f) 석류 | 107 |
| grenier (m) 다락방 | 35 |
| grenouille (f) 개구리 | 102, 139 |
| grève (f) 동맹 파업 | 37 |
| grille (f) (큰) 울타리, 창살, 격자 | 35, 137 |
| grille à friture (f) 튀김용 거름망 | 113 |
| grille-pain (m) 토스터 | 111 |
| griller (그릴에) 굽다 | 112 |
| guichet (m) 창구 | 36 |
| guichet automatique (m) 자동판매기 | 36 |
| guichetier(ère) 역무원 | 36 |
| guitare (f) 기타 | 87 |

## H

| | |
|---|---|
| habitant(e) 주민 | 145 |
| habitué(e) 단골손님 | 93 |
| hacher 잘게 썰다 | 112 |
| hall (m) 로비 | 122 |
| hamac (m) 해먹 | 131 |
| hanche (f) 허리 | 67, 150 |
| haute couture (f) 오트쿠튀르 | 16 |
| hésiter 망설이다 | 54, 75 |
| heure (f) 시각 | 155 |
| heure de pointe (f) 러시아워 | 38 |
| heures d'affluence (f.pl.) 러시아워 | 154 |
| heures d'ouverture (f.pl.) 영업 시간 | 62 |
| heureux(se) 행복한 | 134 |
| hier 어제 | 156 |
| histoire d'amour (f) 러브스토리 | 82 |
| historique 역사가 있는 | 29 |
| hiver (m) 겨울 | 157 |
| homme (m) 남성 | 133 |
| honnête 정직한 | 151 |
| hôpital (m) 병원 | 148 |
| horizon (m) 수평선 | 128 |

| | |
|---|---|
| hôte(sse) 호스트 | 132 |
| hôtel (m) 호텔 | 126 |
| huile (f) 오일, 기름 | 70, 113 |
| huile d'olive (f) 올리브유 | 109 |
| huile de bain (f) 입욕제 | 75 |
| huit 8 | 152 |
| huit heures 8시 | 155 |
| huître (f) 굴, 생굴 | 102, 117 |
| huppé(e) 고급(의), 상류의 | 97 |
| hydraté(e) 촉촉한 | 71 |

| | |
|---|---|
| interphone (m) 인터폰 | 144 |
| interrupteur (m) 스위치 | 145 |
| intestin (m) 장 | 150 |
| invité principal 주빈 | 132 |
| invité(e) 게스트 | 132 |
| inviter 초대하다, 권하다 | 135 |
| itinéraire (m) 노선 | 41 |

# I

| | |
|---|---|
| idée (f) 아이디어 | 16 |
| île (f) 섬 | 129 |
| imaginer 상상하다 | 55 |
| imbécile 멍청한 | 151 |
| imiter 시늉을 하다 | 92 |
| immeuble (m) 빌딩 | 34 |
| imperméable (m) 트렌치코트 | 64 |
| impoli€ 무례한 | 151 |
| impression (f) 인상 | 23 |
| imprimante (f) 프린터 | 147 |
| imprimer 인쇄하다 | 109 |
| indisponible 대출 중 | 85 |
| infirmier(ère) 간호사 | 148 |
| infusion (f) 허브티 | 93 |
| injection (f) 주사 | 149 |
| inox (m) 스테인레스 | 53 |
| institut de beauté (m) 피부관리샵 | 19 |
| instrument de musique (m) 악기 | 87 |
| intelligent(e) 지적인 | 151 |
| interdit au public 출입금지 | 81 |
| interdit de fumer 금연 | 80 |
| interdit de photographier 촬영 금지 | 81 |
| internet (m) 인터넷 | 147 |

| | |
|---|---|
| Jalouse comme une tigresse 질투심 많은 여자 | 141 |
| jambe (f) 다리 | 67, 150 |
| jambon (m) 햄 | 116 |
| jambon cru (m) 익히지 않은 햄 | 102 |
| janvier 1월 | 157 |
| jardin (m) 정원 | 144 |
| jaune 노랑 | 62 |
| Je me sens bien 기분 좋다 | 70 |
| Je me sens seul(e) 외롭다 | 134 |
| jean (m) 청바지 | 48 |
| jeter 버리다 | 115 |
| jeu (m) 게임 | 136 |
| jeu d'échecs (m) 체스 | 136 |
| jeudi 목요일 | 156 |
| jeune 젊어 보이는 | 72 |
| jeunes gens 젊은이 | 137 |
| joue (f) 볼, 뺨 | 42 |
| jouer 연주하다 | 87 |
| jouer à cache-cache 숨바꼭질하다 | 137 |
| jouer au chat perché 술래잡기를 하다 | 137 |
| jouet (m) 장난감 | 147 |
| jour (m) 일(day) | 156 |
| jour férié (m) 휴일 | 156 |
| journée (f) 하루 | 155 |
| judas (m) 들여다보는 구멍, 스파이홀 | 145 |
| juillet 7월 | 157 |

| | |
|---|---|
| juin 6월 | 157 |
| jupe (f) 스커트 | 48, 64 |
| jupon (m) 페티코트 | 64 |
| jus d'orange (m) 오렌지주스 | 93 |
| jus de fruit (m) 주스 | 105 |
| Jusqu'à quand? 언제까지? | 59 |
| Jusqu'où? 어디까지? | 59 |

### K

| | |
|---|---|
| kaki (m) 감 | 107 |
| ketchup (m) 케첩 | 109 |
| kilogramme ( ) 킬로그램( ) | 106 |
| kiosque (m) 키오스크 | 30 |
| kiwi (m) 키위 | 107 |

### L

| | |
|---|---|
| la Seine (f) 센 강 | 84 |
| La zic 음악 | 159 |
| lac (m) 호수 | 131 |
| lacet (m) (신발의) 끈 | 67 |
| lait (m) 우유 | 95, 115 |
| lait (m) 유액 | 74 |
| laiton (m) 놋쇠 | 53 |
| laitue (f) 상추 | 106 |
| lampe (f) 전기 스탠드, 램프 | 146, 147 |
| langouste (f) 대하 | 117 |
| langue (f) 혀 | 116, 150 |
| lanterne (f) 랜턴 | 131 |
| lapin (m) 토끼, 토끼고기 | 102, 116, 138 |
| large (폭이) 넓은, 넉넉한 | 68, 69 |
| largeur (f) 폭 | 68 |
| lavabo (m) 세면대 | 147 |
| laver 씻다 | 112, 113 |
| lave-vaisselle (m) 식기세척기 | 110 |
| le mois dernier 지난 달 | 156 |
| le mois prochain 다음 달 | 156 |
| lecture (f) 독서 | 38 |
| léger(ère) 가볍게 | 73 |
| légume (m) 채소 | 106 |
| lettre (f) 편지 | 92 |
| levain (m) 천연 효모 | 95 |
| lever la main 손을 들다 | 40 |
| liberté (f) 자유 | 22 |
| libre 빈차, 비어 있음, 사람이 별로 없음 | 35, 39, 41 |
| ligne (f) 선 | 37 |
| limité(e) 한정의 | 75 |
| lin (m) 마 | 69 |
| linge (m) 린네르 제품 | 50 |
| lion (m) 사자 | 138 |
| liquide vaisselle (f) 세제 | 110 |
| liste des courses 쇼핑 목록 | 108 |
| lit (m) 침대 | 70, 146 |
| lit supplémentaire (m) 엑스트라 베드(추가용 간이 침대) | 127 |
| littérature (f) 문학 | 85 |
| livraison (f) 배달 | 57, 108 |
| livre (m) 책 | 84 |
| livre d'enfant (m) 그림책 | 84 |
| livre d'occasion (m) 헌책 | 84 |
| livre pratique (m) 실용서 | 85 |
| lobby (m) 로비 | 126 |
| long(ue) 긴 | 68, 72 |
| longueur (f) 길이 | 68, 72 |
| lotion (f) 화장수 | 74 |
| louche (f) 국자 | 54 |
| louer (차를) 빌리다 | 124 |
| lourd(e) 무겁게 | 73 |
| loyer (m) 집세 | 145 |
| lucarne (f) 천창 | 145 |
| lumière (f) 램프 | 123 |

| | |
|---|---|
| lundi 월요일 | 156 |
| lune (f) 달 | 155 |
| lunettes (f.pl.) 안경 | 49 |
| lunettes de soleil (f.pl.) 선글라스 | 49 |
| luxe (m) 사치 | 25 |

## M

| | |
|---|---|
| macaron (m) 마카롱 | 104 |
| mâche (f) 마타리 상추 | 106 |
| machine à café (f) 커피메이커 | 110 |
| Madame (f) 마담 | 58 |
| madeleine (f) 마들렌 | 104 |
| Mademoiselle (f) 마드모아젤 | 58 |
| magazine (m) 잡지 | 85 |
| mai 5월 | 157 |
| maillot de bain (m) 수영복 | 128 |
| main (f) 손 | 66, 150 |
| mairie (f) 시청 | 30 |
| maison (f) 집, 그 식당에서 만든, (식당) 특제의 | 100, 144 |
| maison d'édition (f) 출판사 | 85 |
| malheureux(se) 불행한 | 134 |
| manche (m) (후라이팬) 손잡이 | 54 |
| manches (f.pl.) 소매 | 68 |
| manches courtes (f.pl.) 반소매 | 68 |
| manches longues (f.pl.) 긴소매 | 68 |
| manique (f) 요리용 장갑 | 54 |
| mannequin (m) 모델 | 33 |
| manteau (m) 코트 | 64 |
| manteau long (m) 롱코트 | 64 |
| manuel(le) 수동의 | 37 |
| maquereau (m) 고등어 | 117 |
| marchander (값을) 깎다 | 47 |
| marché (m) 시장 | 106 |
| marché aux fleurs (m) 꽃 시장 | 86 |
| marché aux puces (m) 벼룩시장 | 46 |

| | |
|---|---|
| mardi 화요일 | 156 |
| marée basse (f) 썰물, 간조 | 128 |
| mariage (m) 결혼 | 21 |
| marié(e) 기혼 | 21, 134 |
| marque (f) 브랜드 | 16, 75 |
| marron 갈색 | 62 |
| mars 3월 | 157 |
| mascara (m) 마스카라 | 74 |
| masculin(e) 남자다운 | 17 |
| masque (m) 팩 | 74 |
| massage (m) 마사지 | 70 |
| matelas (m) 매트리스 | 146 |
| matières (f.pl.) 소재 | 53, 69 |
| matin (m) 아침, 오전 | 154 |
| maux de tête (m.pl.) 두통 | 148 |
| maux de ventre (m.pl.) 복통 | 148 |
| mayonnaise (f) 마요네즈 | 109 |
| mec (m) 남자애, 녀석 | 158 |
| méchant(e) 짓궂은 | 151 |
| médecin (m) 의사 | 148 |
| médicament (m) 약 | 149 |
| méduse (f) 해파리 | 139 |
| mélanger 섞다 | 113 |
| melon (m) 멜론 | 107 |
| menteur(se) 거짓말쟁이의 | 151 |
| menu (m) 코스 메뉴 | 101 |
| mer (f) 바다 | 128 |
| Merci. 고맙습니다. | 43, 93, 99 |
| mercredi 수요일 | 156 |
| merlan (m) 대구 | 117 |
| mesurer 계량하다 | 113 |
| métal (m) 금속 | 53 |
| métier à broder (m) 자수틀 | 87 |
| mettre 놓다, 뿌리다 | 57, 114 |
| mettre des fleurs 꽃을 장식하다 | 86 |
| mettre ses chaussures 신을 신다 | 67 |
| mettre son pantalon 바지를 입다 | 67 |
| midi (m) 낮 | 154 |
| mie (f) 속 | 94 |

| | |
|---|---|
| mignon(ne) 귀여운 | 17 |
| mijoter 조리다(약한 불로 익히다) | 112 |
| militaire 군인 | 33 |
| mille 1000 | 152 |
| mi-mollet 7부 | 68 |
| mini-bar (m) 미니 바 | 127 |
| minutes (  ) 분( ) | 70 |
| minuteur (m) 요리용 타이머 | 55 |
| miroir (m) 거울 | 66, 147 |
| mixeur (m) 믹서 | 110 |
| mode (f) 패션, 모드 | 16, 84 |
| mode de vie (m) 라이프 스타일 | 24 |
| moelleux(se) 폭신폭신 | 94 |
| moineau (m) 참새 | 139 |
| moins le quart 15분 전 | 155 |
| mois (m) 월(month) | 156 |
| mon genre 내 타입 | 133 |
| monnaie (f) 거스름돈 | 93 |
| Monsieur (m) 무슈 | 58 |
| montagne (f) 산 | 130 |
| monter 타다 | 39, 40 |
| montre (f) 손목시계 | 65 |
| montrer 제시하다 | 80 |
| moquette (f) 카펫 | 146 |
| motif (m) 무늬 | 63 |
| mou(lle) (식감이) 부드러운 | 94 |
| mouette (f) 갈매기 | 129 |
| mouillé(e) 젖어 있다 | 115 |
| moule (f) 홍합 | 117 |
| moule (m) 빵틀 | 55 |
| moulin à café (m) 커피 밀, 커피 분쇄기 | 54 |
| moutarde (f) 머스터드 | 109 |
| mouton (m) 양 | 138 |
| mur (m) 벽 | 136, 144 |
| murmurer 속삭이다 | 21 |
| musique d'ambiance (f) BGM | 70 |

| | |
|---|---|
| nager 헤엄치다 | 128 |
| nana (f) 여자애 | 158 |
| nappe (f) 식탁보 | 99 |
| nationalité (f) 국적 | 22, 123 |
| natte (f) 돗자리, 매트 | 129 |
| nature (f) 자연 | 130 |
| nausée (f) 구역질 | 148 |
| nectarine (f) 천도복숭아 | 107 |
| nettoyant (m) 세안제 | 74 |
| neuf 9 | 152 |
| neuf heures 9시 | 155 |
| neuf(ve) 새로운, 새 것인 | 127 |
| neuf(ve) 신품인, 새것인 | 46 |
| nez (m) 코 | 150 |
| nez d'avion (m) 기수 | 122 |
| noctilien 심야 버스 | 40 |
| noir(e) 검정 | 62 |
| noix (f) 호두 | 95 |
| noix de coco (f) 코코넛 | 107 |
| nom (m) 이름 | 96 |
| nom d'arrêt de bus (m) 정류장 이름 | 40 |
| nom de plat (m) 요리 이름 | 101 |
| non-fumeur 비흡연자 | 98 |
| non-résident(e) 비거주자 | 123 |
| nouer 묶다 | 57 |
| novembre 11월 | 157 |
| nul(le) 형편없는 | 83 |
| numéro (m) 번호 | 40 |
| numéro de chambre (m) 방 번호 | 127 |
| nuque (f) 목덜미 | 73 |

# O

| | |
|---|---|
| objet d'art (m) 오브제 | 80 |
| objet trouvé (m) 분실물 | 38 |
| objets divers (m.pl.) 잡화 | 50 |
| occasion (f) 중고 | 46 |
| occupé(e) 사용 중 | 35 |
| octobre 10월 | 157 |
| oeil (m) 눈 | 150 |
| oeuf (m) 달걀 | 95 |
| oeuvre (f) 작품 | 80 |
| oeuvre d'art (f) 미술품 | 80 |
| oignon (m) 양파 | 106 |
| oiseau (m) 새 | 28 |
| ondulé(e) 곱슬머리 | 73 |
| onze 11 | 152 |
| onze heures 11시 | 155 |
| opinion (f) 생각 | 22 |
| option (f) 옵션 | 70 |
| or (m) 금, 골드(색) | 53, 63 |
| orange (f) 오렌지, 주황 | 63, 107 |
| ordinateur (m) 컴퓨터 | 147 |
| ordonnance (f) 처방전 | 149 |
| ordure (f) 음식물 찌꺼기 | 115 |
| oreille (f) 귀 | 150 |
| oreiller (m) 베개 | 70, 146 |
| organes (m.pl.) 내장 | 150 |
| organiser 주최하다 | 132 |
| originalité (f) 개성 | 16 |
| origine ( ) ( )산 | 117 |
| origine (f) 출신, 산지 | 22, 103 |
| otarie (f) 물개 | 139 |
| ouf (m) 머리가 이상한 사람 | 159 |
| ouvert(e) 개방적인, 솔직한 | 151 |
| ouvert(e) 영업 중 | 62 |
| ouvertement 당당하게 | 21 |
| ouverture (f) 개관 | 80 |
| ouvrier(ère) 노동자, 직공 | 33 |
| ouvrir 열다 | 41 |

# P

| | |
|---|---|
| page (f) 페이지 | 85 |
| pain (m) 빵 | 94 |
| pain au chocolat (m) 쇼콜라 | 94 |
| pain au son (m) 밀기울빵 | 95 |
| pain aux raisins (m) 건포도빵 | 95 |
| pain de campagne (m) 깜빠뉴 | 94 |
| pain de mie (m) 식빵 | 94 |
| palais (m) 궁전 | 28 |
| pamplemousse (m) 자몽 | 107 |
| panda (m) 판다 | 138 |
| panier (m) 바구니 | 50, 106 |
| panneau (m) 표시판, 안내판 | 80 |
| panneau de signalisation (m) 교통 표지 | 34 |
| pantalon (m) 바지 | 64, 67 |
| paon (m) 공작 | 139 |
| papeterie (f) 문구 | 52 |
| papier (m) 종이 | 53 |
| papier à lettres (m) 편지지 | 52 |
| paquet cadeau (m) 선물용 포장 | 57 |
| parapluie (m) 우산 | 65 |
| parasol (m) 파라솔 | 92, 129 |
| parc (m) 공원 | 28, 136 |
| parfum (m) 향수 | 74 |
| parisien(ne) 파리 사람 | 32 |
| Parmesan (m) 파르미지아노 | 105 |
| partir 떠나다 | 93 |
| partition (f) 악보 | 87 |
| pas bien 좋지 않은 | 82 |
| pas mal 나쁘지 않은 | 82 |
| Pas un chat 아무도 없다 | 141 |
| passage (m) 통로, 아케이드 | 31, 108 |
| passage piétons (m) 횡단보도 | 34 |
| passeport (m) 여권 | 122 |
| passer 건네다, 통과하다 | 36, 114 |
| passion (f) 정열 | 20 |
| passoire (f) 소쿠리 | 54 |
| pâte (f) 반죽 | 95 |

| | |
|---|---|
| pâté (m) 파테 | 102 |
| pâte à frire (f) 튀김옷 | 113 |
| patient(e) 환자 | 148 |
| pâtisserie (f) 케이크 가게 | 31, 108 |
| pavé (f) 포석 | 35 |
| payer 지불하다 | 92, 97 |
| paysage (m) 풍경, 경치 | 130 |
| pêche (f) 복숭아 | 107 |
| peignoir (m) 가운, 목욕 가운 | 70, 146 |
| peindre 그리다 | 87 |
| peintre 화가 | 32, 87 |
| peinture (f) 회화 | 80 |
| pelote (f) 털실 | 87 |
| performance (f) 퍼포먼스 | 38 |
| perfusion (f) 링거 | 149 |
| permis de conduire (m) 면허증 | 124 |
| personnage principal (m) 주인공 | 83 |
| personnel navigant (m) 객실 승무원 | 123 |
| pétanque (f) 페탕크 놀이 | 136 |
| petit déjeuner (m) 아침식사 | 154 |
| petit(e) 작은 | 69 |
| petit-déjeuner compris 조식 포함 | 127 |
| peu 적은 | 101 |
| peu sérieux(se) 불성실한 | 151 |
| phare (m) 등대 | 129 |
| pharmacie (f) 약국 | 149 |
| phoque (m) 바다표범 | 139 |
| photo (f) 사진 | 146 |
| photographier 사진을 찍다 | 136 |
| pichet (m) 피처 | 56 |
| pickpocket (m) 소매치기 | 38 |
| pied (m) 발 | 150 |
| pile 정확히 | 155 |
| pilote (m) 조종사 | 122 |
| pinceau (m) 붓 | 87 |
| pingouin (m) 펭귄 | 139 |
| pipi (m) 쉬(소변) | 158 |
| pique-nique (m) 피크닉 | 130 |
| piquer 꿰매다 | 87 |

| | |
|---|---|
| pivert (m) 딱따구리 | 139 |
| place (f) (극장) 좌석, 광장 | 29, 83, 96 |
| place prioritaire (f) 우선석 | 38 |
| plafond (m) 천장 | 145 |
| plage (f) 해변 | 129 |
| plaisir (m) 즐거움 | 25 |
| plan (m) 지도 | 40, 84 |
| plan de métro (m) 노선도 | 39 |
| plan de route (m) 도로 지도 | 124 |
| plan de travail (m) 조리대 | 111 |
| planche à découper (f) 도마 | 54 |
| plante (f) 식물 | 86 |
| plaques chauffantes (f.pl.) 전기레인지 | 111 |
| plateau (m) 쟁반, 주요리 | 56, 100, 102 |
| plat du jour (m) 오늘의 요리 | 100 |
| plat(e) (머리카락이) 곧은 | 73 |
| plier (팔을) 굽히다 | 66 |
| plongée libre (f) 스노클링 | 128 |
| plume (f) 펜촉 | 52 |
| plus ~ 더 ~한 | 127 |
| poêle (f) 프라이팬 | 54 |
| poète 시인 | 32 |
| poignée (f) 문고리, 문손잡이 | 37, 50, 55, 145 |
| point commun (m) 공통점 | 22 |
| poire (f) (과일) 배 | 107 |
| poireau (m) 파 | 106 |
| poisson (m) 생선 | 100, 117 |
| poisson de rivière (m) 민물고기 | 117 |
| poitrine (f) 가슴, 가슴살 | 116, 150 |
| poivre (m) 후추 | 98 |
| poivron (m) 피망 | 106 |
| poli(e) 예의 바른 | 151 |
| policier (m) 경찰관 | 33 |
| politique (f) 정책 | 24 |
| pomme (f) 사과 | 107 |
| pomme de terre (f) 감자 | 106 |
| population (f) 인구 | 29 |
| porc (m) 돼지고기 | 116 |
| pore (m) 모공 | 71 |

| | |
|---|---|
| port (m) 항구 | 129 |
| porte (f) 문 | 37, 41, 110, 144, 145 |
| porte-clés (m) 키 홀더 | 51 |
| porteur (m) 포터 | 33, 127 |
| portier (m) 도어맨 | 126 |
| poser 놓다 | 114 |
| poser un lapin à ~ ~을 바람맞히다 | 135 |
| poste (f) 우체국 | 30 |
| pot (m) 화분 | 86 |
| pot à épice (m) 캐니스터, (커피 등의) 보관 용기 | 55 |
| pote (m) 친구(주로 남자) | 158 |
| poterie (f) / céramique (f) 도자기 | 53 |
| potiron (m) 호박 | 106 |
| poubelle (f) 쓰레기통 | 35, 110 |
| poudre (f) 페이스파우더 | 74 |
| poulet (m) 닭고기 | 116 |
| poumon (m) 폐 | 150 |
| poupée (f) 인형 | 50 |
| pour ( ) personne(s) ( )인분 | 101 |
| pourboire (m) 팁 | 38, 93, 97 |
| pousser 밀다 | 36 |
| poussette (f) 유모차 | 51 |
| prairie (f) 목초지 | 131 |
| pré (m) 초원 | 131 |
| premier étage 2층 | 153 |
| premier(ère) 첫 번째의 | 153 |
| première impression (f) 첫인상 | 133 |
| préparer (식탁을) 차리다 | 114 |
| présentation (f) 인사, 소개 | 133 |
| préservatif (m) 콘돔 | 75 |
| presse-ail (m) 마늘 으깨기 | 55 |
| prestance (f) 위엄 | 17 |
| printemps (m) 봄 | 157 |
| priorité aux dames (f) 여성 우선 | 97 |
| prix (m) (교통) 요금 | 41 |
| prochaine séance (f) 다음 회 | 83 |
| produit alimentaire (m) 식료품 | 108 |
| produit d'entretien (m) 일용잡화 | 108 |

| | |
|---|---|
| produit de beauté (m) 화장품 | 18 |
| produit diététique (m) 다이어트 상품 | 19 |
| produit étranger (m) 외국제 | 75 |
| produit frais (m) 신선 식품 | 108 |
| produit français (m) 프랑스제 | 75 |
| produit laitier (m) 유제품 | 108 |
| produit surgelé (m) 냉동 식품 | 108 |
| professeur 교수 | 85 |
| prolongation (f) 연장 | 70 |
| promettre 약속하다 | 135 |
| propre 깨끗한 | 110, 127 |
| propriétaire 점주, 가게 주인 | 47 |
| pull (m) 스웨터 | 48 |
| pyjama (m) 파자마 | 146 |

| | |
|---|---|
| quai (m) 플랫폼 | 37 |
| qualité (f) 퀄리티 | 25 |
| quantité (f) 양, 용량 | 101, 103 |
| quarante 40 | 152 |
| quartier (m) 지구 | 28 |
| quartier animé (m) 번화가 | 30 |
| quartier commerçant (m) 상점가 | 31 |
| quartier moderne (m) 근대적인 지구 | 28 |
| quartiers (m.pl.) 부위 | 116 |
| quatorze 14 | 152 |
| quatre 4 | 152 |
| quatre heures 4시 | 155 |
| Quel temps de chien! 이 무슨 지독한 날씨란 말인가! | 141 |
| queue (f) 줄, 꼬리 | 40, 116, 117 |
| quiche (f) 키슈 | 95 |
| quinze 15 | 152 |

# R

| | |
|---|---|
| raccompagner (집까지) 데려다주다 | 135 |
| racine (f) 뿌리 | 130 |
| radio (f) X선 촬영 | 148 |
| raffiné(e) 세련된, 고급의 | 132 |
| raisin (m) 포도, 건포도 | 95, 107 |
| ralentisseur (m) 고속방지턱 | 125 |
| randonnée en montagne (f) 등산 | 130 |
| râpe (f) 강판 | 55, 113 |
| râper 갈다 | 113 |
| rare 희귀한, 드문 | 47 |
| ratatouille (f) 라따뚜이 | 102 |
| rayon (m) 매장 | 63 |
| réalisateur(rice) 감독 | 82 |
| réaliste 현실적인 | 151 |
| Reblochon (m) 르블로숑 | 105 |
| réception (f) 프런트 | 126 |
| recevoir 받다 | 114 |
| recherche (f) 연구 | 85 |
| récipient (m) 용기 | 115 |
| réduction (f) 할인 | 108 |
| regarder 보다 | 48 |
| règle (f) 자 | 52 |
| règlement (m) 계산 | 97 |
| regretter 아쉬워하다 | 135 |
| rein (m) 신장 | 150 |
| relation (f) 관계 | 20, 134 |
| relaxation (f) 휴식 | 70 |
| relever son col 옷깃을 세우다 | 66 |
| Relou 귀찮아 | 159 |
| remercier 사례하다 | 43 |
| remonter son pantalon 바지를 올리다 | 67 |
| rencontre (f) 만남 | 23 |
| rencontrer 만나다 | 133 |
| rendez-vous (m) 데이트, 만남 약속 | 135, 92 |
| renfermé(e) 드러내지 않는 | 151 |
| renverser 눕히다, 젖히다 | 123 |
| repas (m) 식사 | 123 |
| repère (m) 랜드마크 | 28 |
| reproduction (f) 모사 | 81 |
| requin (m) 상어 | 139 |
| réservation (f) 예약 | 96, 126 |
| réserver 예약하다 | 96 |
| résident(e) 거주자 | 123 |
| restaurant (m) 레스토랑 | 31, 96, 97 |
| restauration rapide (f) 패스트푸드 | 96 |
| rester 숙박하다 | 126 |
| retard (m) 지각 | 154 |
| retour (m) 귀가 | 154 |
| retraité(e) 정년퇴직자 | 32 |
| rétroviseur (m) 백미러 | 125 |
| réveil (m) 기상, 자명종, 모닝콜 | 127, 146, 154 |
| réverbère (m) 가로등 | 35 |
| rez-de-chaussée (m) 1층 | 153 |
| rhinocéros (m) 코뿔소 | 138 |
| rhume (m) 감기 | 148 |
| rideau (m) 막 | 83 |
| rideau (m) 커튼 | 93 |
| rides (f.pl.) 주름 | 71 |
| rincer 헹구다 | 112 |
| rire 웃다 | 133 |
| riz (m) 쌀 | 113 |
| robe (f) 원피스 | 48 |
| romantique 낭만적인, 로맨틱한 | 21, 151 |
| room service (m) 룸서비스 | 127 |
| Roquefort (m) 로크포르 | 105 |
| rose 분홍 | 62 |
| rouge 빨강 | 62 |
| rouge à lèvres (m) 립스틱 | 74 |
| route (f) 도로 | 125 |
| ruban (m) 리본 | 50 |
| ruban adhésif (m) 접착 테이프 | 57 |
| ruisseau (m) 시냇물, 개울 | 131 |
| rupture (f) 결별 | 20 |

## S

| | |
|---|---|
| s'amuser 즐기다 | 53 |
| s'arrêter 정차하다 | 124 |
| s'asseoir 앉다, 자리에 앉다 | 38, 97, 114 |
| s'embrasser 키스하다 | 135 |
| s'émouvoir 감동하다 | 51 |
| s'endormir 잠들다 | 70 |
| s'enlacer 껴안다 | 42, 135 |
| s'essuyer les lèvres 입을 닦다 | 115 |
| s'excuser 사과하다 | 43 |
| sable (m) 모래 | 128 |
| sac (m) 가방, 비닐봉지, 주머니 | 65, 106, 109 |
| sac à main (m) 핸드백 | 49, 65 |
| sac bandoulière 숄더백 | 65 |
| sac de couchage (m) 침낭 | 131 |
| saison (f) 계절 | 157 |
| salade (f) 샐러드 | 102, 114 |
| saladier (m) 샐러드볼 | 114 |
| salarié(e) 회사원 | 33 |
| sale 지저분한 | 110 |
| salière (f) 소금통 | 56 |
| salle (f) 극장 안 | 83 |
| salle à manger (f) 식당 | 126 |
| salle de bain (f) 목욕탕 | 147 |
| salle de cinéma (f) 영화관 | 31 |
| salle de consultation (f) 열람실 | 85 |
| salle de séjour (f) 거실 | 146 |
| salon de thé (m) 찻집 | 96 |
| Salut! 안녕! | 42 |
| samedi 토요일 | 156 |
| sandales (f.pl.) 샌들 | 129 |
| sandwich (m) 샌드위치 | 95 |
| sans alcool 무알콜 | 101 |
| sans manche 민소매 | 68 |
| santé (f) 건강 | 19 |
| Santé! 건배! | 99, 132 |
| satisfaction (f) 충족, 만족 | 18 |
| saucisse (f) 소시지 | 116 |
| saucisson (m) 큰 소시지 | 116 |
| saumon (m) 연어 | 117 |
| saumon fumé (m) 훈제연어 | 102 |
| sauter 뛰다, 점프하다 | 36, 112 |
| sauteuse (f) 작은 프라이팬 | 54 |
| savoir-vivre (m) 예의, 에티켓 | 25 |
| savon (m) 비누 | 75, 147 |
| scénario (m) 대본 | 82 |
| scène (f) 무대 | 84 |
| scooter (m) 스쿠터 | 35 |
| sculpture (f) 조각 | 80 |
| SDF(sans domicile fixe) 홈리스, 노숙자 | 33 |
| se déshabiller 벗다 | 67 |
| se faire piquer (f) (벌레에) 물리다 | 149 |
| se prendre par la main 손을 잡다 | 135 |
| se promener 산책하다 | 136 |
| se quitter 헤어지다 | 135 |
| se relaxer 휴식을 취하다 | 19 |
| se saluer 인사하다 | 42 |
| se serrer la main 악수하다 | 42 |
| se soûler 취하다 | 133 |
| se voir 만나다 | 135 |
| séance (f) 상영 | 82 |
| seau (m) 양동이 | 51 |
| sec(èche) 건조한 | 71 |
| sec(èche) 마른, 건조한 | 115 |
| seiche (f) 오징어 | 117 |
| seize 16 | 152 |
| sel (m) 소금 | 98 |
| semaine (f) 주 | 156 |
| sens (m) 센스 | 25 |
| sentier (m) 오솔길 | 130 |
| sept 7 | 152 |
| sept heures 7시 | 155 |
| septembre 9월 | 157 |
| sérieux(se) 성실한, 진지한, 착실한 | 151 |
| serpent (m) 뱀 | 138 |
| serré(e) 꼭 맞는 | 69 |
| serrure (f) 자물쇠 | 145 |

| | | |
|---|---|---|
| serveur (m) 웨이터 | 99 | |
| serviette (f) 냅킨, 타올 | 99, 114, 147 | |
| serviette hygiénique (f) 생리대 | 75 | |
| servir 따르다, 붓다, 그릇에 나누어 담다 | 103, 114, 115 | |
| sésame (m) 깨 | 95 | |
| sexe (m) 성별 | 23 | |
| shampoing (m) 샴푸 | 75 | |
| short (m) 숏팬츠 | 64 | |
| siège (f) (비행기) 좌석 | 123 | |
| sieste (f) 낮잠 | 137, 154 | |
| signal sonore (m) 출발 신호 | 39 | |
| signalisation (f) 표지, 표지판 | 125 | |
| silencieux(se) 과묵한 | 151 | |
| silhouette (f) 실루엣 | 68 | |
| singe (m) 원숭이 | 138 | |
| single 싱글 | 127 | |
| six 6 | 152 | |
| six heures 6시 | 155 | |
| ski nautique (m) 수상 스키 | 129 | |
| sobre 수수한 | 17, 49 | |
| soie (f) 실크 | 69 | |
| soin (m) 손질, 케어, 치료 | 18, 149 | |
| soirée (f) 저녁, 밤 | 155 | |
| soixante 60 | 152 | |
| sol (m) 바닥 | 145 | |
| soldes (f.pl.) 세일 | 63 | |
| sole (f) 혀가자미 | 117 | |
| soleil (m) 태양 | 128, 154 | |
| solitude (f) 고독 | 20 | |
| sommelier(ère) 소믈리에 | 99 | |
| sorbet (m) 셔벗 | 104 | |
| sortie (f) 출구 | 39, 80, 81 | |
| sortie de secours (f) 비상구 | 83, 123 | |
| sortir avec... ~와 데이트하다 | 134 | |
| soucoupe (f) 컵받침 | 56 | |
| soupe (f) 스프 | 102 | |
| source thermale (f) 온천 | 18 | |
| sous-sol (m) 지하 | 153 | |
| sous-titres (m.pl.) 자막 | 83 | |

| | | |
|---|---|---|
| sous-verre (m) 코스터, 컵받침 | 93 | |
| sous-vêtement (m) 속옷 | 65 | |
| soutien-gorge (m) 브래지어 | 65 | |
| souvenir (m) 기념품 | 81, 132 | |
| spatule (f) 뒤집개 | 54 | |
| spécialité (f) 전문 | 84 | |
| spécialité maison (f) 이 식당의 명물 요리 | 100 | |
| splendide 화려한, 화사한 | 86 | |
| stade (m) 노점, 경기장 | 29, 46 | |
| station (f) 지하철 역 | 37 | |
| station de taxi (f) 택시 타는 곳 | 41 | |
| stationnement (m) 주차 | 124 | |
| statue (f) 동상 | 35 | |
| stock (m) 재고 | 63 | |
| strapontin (m) 보조 의자 | 38 | |
| style (m) 스타일 | 16 | |
| stylo à encre (m) 만년필 | 52 | |
| subalterne 부하 직원 | 133 | |
| sucre (m) 설탕, 단맛 | 95, 98 | |
| suggérer 권하다, 추천하다 | 97 | |
| suggestion (f) 추천 | 97 | |
| suivre 따라가다 | 97 | |
| supermarché (m) 슈퍼마켓 | 31, 108 | |
| supplément (m) 추가 요금 | 126 | |
| surf (m) 서핑 | 128 | |
| sweat-shirt (m) 트레이너 | 64 | |
| symbole (m) 심볼 | 28 | |
| sympathie (f) 공감 | 22 | |
| symptôme (m) 증상 | 148 | |

**T**

| | | |
|---|---|---|
| tabac (m) 담뱃가게 | 30 | |
| table (f) 테이블 | 98 | |
| table basse (f) 낮은 탁자 | 146 | |
| table roulante (f) 왜건 | 111 | |

| | | |
|---|---|---|
| tableau (m) 그림 | 87 | |
| tableau d'affichage (m) 전광게시판 | 122 | |
| tablette (f) 작은 테이블 | 123 | |
| taches (f.pl.) 기미 | 71 | |
| taille (f) 사이즈 | 69 | |
| tampon (m) 탐폰 | 75 | |
| tapis (m) 매트 | 111, 130 | |
| tard dans la nuit 심야 | 155 | |
| tarif (m) (서비스) 요금, 입장료 | 70, 80 | |
| tarte (f) 타르트 | 104 | |
| tartelette (f) 작은 타르트 | 104 | |
| tartiner 바르다 | 115 | |
| tasse (f) (도자기) 컵 | 56 | |
| tasse à café (f) 커피잔 | 56 | |
| tasse à thé (f) 찻잔 | 56 | |
| téléphone (m) 전화 | 96 | |
| temps (m) 날씨, 시간 | 155, 157 | |
| tendance (f) 유행 | 16 | |
| teneur en alcool (f) 알코올 도수 | 103 | |
| tente (f) 텐트 | 46, 131 | |
| tenue exigée (f) 드레스코드 | 97 | |
| terminal (m) 터미널 | 122 | |
| terminus (m) 종점 | 37 | |
| terne 칙칙한 | 71 | |
| terrain de camping (m) 캠핑장 | 131 | |
| terrasse (f) 테라스, 테라스 자리 | 92, 96, 144 | |
| terrine (f) 테린느 | 102 | |
| tête (f) 머리 | 117, 150 | |
| teuf (f) 파티(은어) | 159 | |
| thé (m) 차 | 93 | |
| théâtre (m) 연극 | 84 | |
| théière (f) 티폿 | 56 | |
| thermos (m) 보온 용기 | 130 | |
| thon (m) 참치, 다랑어 | 117 | |
| ticket (m) 티켓, 표 | 36 | |
| tigre (m) 호랑이 | 138 | |
| timbre (m) 우표 | 52 | |
| timide 내성적인 | 151 | |
| tire-bouchon (m) 와인 오프너 | 55 | |

| | | |
|---|---|---|
| tirelire (f) 저금통 | 51 | |
| tiroir (m) 서랍 | 111 | |
| tissu (m) 천 | 87 | |
| titre (m) 제목 | 85 | |
| toile (f) 캔버스 | 87 | |
| toilettes (f.pl.) 변기, 화장실 | 123, 147 | |
| toilettes publiques (f.pl.) 공중화장실 | 35 | |
| toit (m) 지붕 | 144 | |
| tomate (f) 토마토 | 106 | |
| tortue (f) 거북 | 139 | |
| total (m) 합계 | 93 | |
| Tour Eiffel (f) 에펠 탑 | 28 | |
| touriste (f) 여행자 | 32 | |
| tourner 뒤집다, 돌다, 돌리다 | 37, 112, 125 | |
| tourner à droite 우회전하다 | 125 | |
| tourner à gauche 좌회전하다 | 125 | |
| tourniquet (m) 바(bar) | 36 | |
| toux (f) 기침 | 148 | |
| traiteur (m) 만든 음식 | 108 | |
| transat (m) 덱체어(천으로 된 접이 의자) | 129 | |
| transfusion (f) 수혈 | 149 | |
| transit (m) (비행기) 환승 | 122 | |
| transport (m) 교통 | 37 | |
| transporter 운반하다 | 57 | |
| travail (m) 일, 업무 | 154 | |
| treize 13 | 152 | |
| tremper dans l'eau (물에) 담그다 | 112 | |
| trente 30 | 152 | |
| tricot (m) 뜨개질 | 87 | |
| tricoter 뜨다 | 87 | |
| trinquer 건배하다 | 132 | |
| triple 트리플 | 127 | |
| triste 슬픈 | 83 | |
| trois 3 | 152 | |
| trois fois plus 세 배 더 | 153 | |
| trois heures 3시 | 155 | |
| troisième 세 번째의 | 153 | |
| troisième étage 4층 | 153 | |
| tronc (m) 줄기, 몸체 | 130 | |

| | |
|---|---|
| trottoir (m) 보도 | 35, 125 |
| trouvaille (f) 의외의 발견(물) | 47 |
| truite (f) 송어 | 117 |
| T-shirt (m) 티셔츠 | 64 |
| Tu me manques 네가 그리워 | 134 |
| tunnel (m) 터널 | 124 |
| tweed (m) 트위드 | 69 |
| twin 트윈 | 127 |
| type de cheveux (m) 모질 | 73 |

## U

| | |
|---|---|
| un 1 | 152 |
| un million 100만 | 152 |
| un peu 조금 | 72 |
| un quart 1/4 | 153 |
| un quart 15분 | 155 |
| un tiers 1/3 | 153 |
| une heure 1시 | 155 |
| Une mémoire d'éléphant 기억력이 좋다 | 141 |
| une moitié 1/2 | 153 |
| uni(e) 무지 | 63 |
| université (f) 대학 | 31 |
| ustensiles de cuisine (m.pl.) 조리 도구 | 111 |

## V

| | |
|---|---|
| vague (f) 파도 | 128 |
| vaisselle (f) 테이블 웨어 | 56 |
| valeur (f) 가치 | 25 |
| valeurs (f.pl.) 가치관 | 20 |
| valise (f) 캐리어 | 122 |
| vase (m) 꽃병 | 51, 86 |

| | |
|---|---|
| vélo (m) 자전거 | 137 |
| vélo (m)·bicyclette (f) 자전거 | 50 |
| vendeur(se) 점원, 판매원 | 33, 62, 75 |
| vendredi 금요일 | 156 |
| ventre (m) (신체의) 배 | 150 |
| vérification (f) 확인 | 92 |
| vérifier 확인하다 | 66, 103 |
| verlan (m) 뒤집어 말하는 은어 | 159 |
| verni à ongles (m) 매니큐어 | 74 |
| verre (m) 유리, 유리컵, 글래스 | 53, 98, 115 |
| verre gradué (m) 계량컵 | 54 |
| vert(e) 초록 | 62 |
| veste (f) 재킷 | 64 |
| veste en cuir (f) 가죽재킷 | 64 |
| vestiaire (m) 보관소 | 80 |
| vêtement (m) 의류 | 108 |
| viande (f) 고기(육류) | 100, 116 |
| vide grenier (m) 플리마켓 | 46 |
| vidéo de surveillance (f) 감시 카메라 | 81 |
| vider 내장을 빼다 | 117 |
| vie (f) 인생 | 24 |
| vie quotidienne (f) 일상생활 | 25 |
| vieillard (m) 노인 | 136 |
| vieux monsieur 아저씨 | 84, 136 |
| vieux quartier (m) 오래된 지구 | 28 |
| vigne (f) 포도밭 | 131 |
| village (m) 마을 | 130 |
| ville (f) 마을, 도시 | 29 |
| vin (m) 와인 | 103 |
| vinaigre (m) 식초 | 109 |
| vinaigrette (f) 드레싱 | 109, 114 |
| vingt 20 | 152 |
| vintage (m) 빈티지 | 46 |
| violon (m) 바이올린 | 38 |
| visa (m) 비자 | 123 |
| visage (m) 얼굴 | 71, 150 |
| vitesse (f) 속도 | 125 |
| vitre (f) 유리창 | 145 |
| vivre 생활하다 | 24 |

**vivre mieux** 보다 잘 살다 24
**voie (f)** 차선 125
**voisin(e)** 이웃 145
**voiture (f)** 자동차 34
**voiture (f)** 자동차 124
**voiture de location** 렌터카 124
**voiture manuelle (f)** 수동 기어 차 124
**volant (m)** 핸들 125
**volume (f)** 볼륨 73
**voyant(e)** 화려한 49
**vulgaire** 천박한 151

### Y

**yacht (m)** 요트 129

### Z

**zèbre (m)** 얼룩말 138
**zéro** 0 152
**zoo (m)** 동물원 138

### W

**wagon (m)** 차량 39
**week-end (m)** 주말 156